7. Auflage 2018

Übersetzung: Marianne Thiel
Umschlaggestaltung: Silke Bunda Watermeier, www.watermeier.net
Umschlagsfoto: © www.sxc.hu
Copyright © deutsche Ausgabe, 2008 Innenwelt Verlag GmbH, Köln
Alle Rechte vorbehalten
Nachdruck und fotomechanische Wiedergabe, auch auszugsweise,
nur mit Genehmigung des Verlages
www.innenwelt-verlag.de

Druck: CPI books, Leck
Printed in Germany
ISBN 978-3-936360-27-1

Dr. Krishnananda Trobe & Amana Trobe

Wenn Sex intim wird

Die drei Stufen zur verbindlichen Partnerschaft

Mit einem Vorwort von Natalia Wörner

Inhalt

Mitten durchs Herz

ICH HABE KRISHNANANDA UND AMANA AUF BALI bei einem ihrer
Learning Love-Seminare kennengelernt und ich kann ohne zu
übertreiben sagen, dass die beiden mein Leben nicht nur verändert, sondern auch unglaublich bereichert haben.

Mehr noch, es wurde mir möglich, mich nicht zu verschließen,
sondern mich zu öffnen. Ich konnte (mit ihrer Hilfe) meine
Schmerzen, Wunden und Muster so betrachten, dass sich der
Blick auf mein Leben sowie der Umgang mit mir und den
geliebten Menschen veränderte – und zwar nachhaltig.

Die beiden schaffen einen geschützten Raum, der Platz bereit
hält für tiefe, lebensverändernde Prozesse. Und dann entlassen
sie einen wieder liebevoll in die eigene Realität, die möglicherweise andere Wahrheiten offenbart; gleichzeitig bleiben sie als
beeindruckende Persönlichkeiten präsent. Ihre Arbeit und auch
dieses Buch reflektieren stets ihre eigene innere Reise; ihre Einsichten sind sehr persönlich, aber nie privat.

Es gibt wahrscheinlich kein anderes Thema, das unter derartiger
medialer Dauerbefeuerung steht wie Sexualität: Superlative,
Erfolgsrezepte und ein atemberaubender Handlungskatalog stehen ständig zur Verfügung. Dieses Buch wählt einen anderen
Weg: Er geht mitten durchs Herz.

Manchmal ist es einfacher, zu beschreiben, was Sexualität nicht ist, als zu formulieren, was sie sein kann. Sexualität verändert sich in einer Beziehung ständig und wie alle Dinge, bekommt auch Sexualität ab einer bestimmten Tiefe eine spirituelle Dimension. Aber in wohl keinem anderen Bereich werden auch Verletzungen, Strategien, Scham und Sehnsüchte so deutlich, wie in unserer intimen Beziehung. Wir sind herausgefordert, uns mit unseren Ängsten ehrlich auseinanderzusetzen und die Begrenzungen der eigenen Prägung und die erlernten Erfahrungen hinter uns zu lassen, um wirklich Liebe zu leben.

Und das ist die Essenz der Arbeit Krishnanandas und Amanas: ehrlicher, lebendiger und der eigenen Wahrheit näher zu sein. Es kommt vor, dass sie in einem Atem sprechen ... der eine beginnt einen Satz und der andere beendet ihn oder der eine spricht und der andere gestikuliert. Immer sind beide in ihrer Aufmerksamkeit ungeteilt bei der Sache und gleichermaßen bei sich.

Ich wünschte, alle Liebenden würden dieses Buch kennen. Jeder, der dieses Paar erlebt hat, spürt, dass alles, was sie zu geben haben, durch und durch gelebt ist. Nichts bleibt allgemein oder austauschbar.

Jedes Mal wenn ich mit den beiden gearbeitet habe – das fand mittlerweile in verschiedenen Kulturen und Kontexten statt – und auch nachdem ich dieses Buch gelesen habe, spüre ich, wie ich mit solidem Handwerkszeug ausgestattet, aber auch experimentierfreudig und voller Leichtigkeit im Umgang mit mir und anderen, in meinem Leben weiter schreite: wach, neugierig, offen und voller Lebensenergie.

Auch ein anderes Phänomen stellt sich bei jeder Begegnung mit Krishnananda und Amana ein, etwas, das für mich als Schauspielerin sehr beeindruckend ist: Ich habe noch nie so viele Menschen schön werden sehen ... Als geübte Voyeuristin liebe ich es, Menschen zu beobachten: wie sie sich verrenken und verwandeln, wie sie sich bemühen, sich zu verstecken und dabei so viel von sich preisgeben. Deswegen ist es für mich immer wieder wertvoll mitzuerleben, wie schön die Menschen in der Arbeit mit den beiden werden: Masken fallen und feine, verletzbare und verletzte Gesichter kommen zu Tage. Es gehört so viel Mut dazu, sich in der eigenen Verletzlichkeit zu zeigen.

Ich bin sehr glücklich diese beiden wundervollen Menschen kennengelernt zu haben. Und voller Dankbarkeit, auf einer Reise mitgenommen worden zu sein, die dann irgendwann zu meiner Reise wurde. Ich habe noch einige Meilen vor mir und bin gleichzeitig sehr stolz, diese Route gewählt zu haben, wissend, dass in der eigenen Wahrheit zu leben, das Einfachste und mit das Schwierigste ist.

Natalia Wörner
Schauspielerin

Wie wir unseren Sex lebendig halten

SEIT VIELEN JAHREN LEITEN WIR WORKSHOPS, IN DENEN WIR Menschen lehren, wie man liebt – sich selbst und andere. Für Paare, die schon lange zusammen sind, taucht dabei sehr häufig das Thema auf, wie sie ihre Sexualität lebendig halten können. Oft machen Paare die Erfahrung, dass es immer schwieriger wird, das Interesse am Liebemachen aufrecht zu erhalten, je länger sie zusammen sind. Stress, Vertrautheit und ein Mangel an Kommunikation reduzieren nach und nach das Verlangen, Liebe zu machen. Vielleicht sehnen sie sich nach den alten Zeiten zurück, als sie es nicht erwarten konnten, miteinander ins Bett zu hüpfen und heißen, leidenschaftlichen Sex zu haben. Oder sie sehnen sich nach einer tieferen Art der Verbindung in ihrer Sexualität, aber es klappt nicht.

Sex verändert sich, je tiefer die Intimität wird. Wenn wir diese Veränderung nicht annehmen und mit ihr wachsen, dann liegt es meist daran, dass wir einfach nicht wissen, wie. Da Sex aber ein so wichtiger Aspekt des Zusammenseins ist, kann es die Beziehung gefährden, wenn er verschwindet. Und wenn er immer belangloser wird und immer weniger stattfindet, kann es sein, dass wir ruhelos oder nachtragend werden und mit ziemlicher Sicherheit beginnen wir dann eine Affäre. Oder wir resignieren innerlich, werden bitter und/oder deprimiert. Oder wir lassen uns mehr und mehr von anderen Dingen absorbieren: Computer, Fernsehen, Arbeit, Sport oder anderen Hobbys.

Wir nehmen uns nicht mehr die Zeit, uns mit unserem Partner zu verbinden. Wenn wir jemandem näher kommen, werden wir verletzlicher und diese Verletzlichkeit bringt üblicherweise Ängste und Unsicherheiten mit sich. Beim Sex zeigen sich diese Ängste und Unsicherheiten am meisten. Wenn wir sie, besonders im Zusammenhang mit unserer Sexualität, nicht erforscht, verstanden oder angenommen haben, wissen wir vielleicht nicht, wie wir damit umgehen können oder um was es sich überhaupt handelt, wenn sie auftauchen. Es kann sein, dass wir das Gefühl haben, mit uns oder mit der Beziehung sei etwas nicht in Ordnung. Vielleicht kompensieren wir die Ängste, indem wir uns beim Sex Druck machen, der sich nicht richtig anfühlt.

Wenn wir beim Liebemachen Angst spüren oder uns unsicher fühlen, beeinflusst das unser sexuelles Erleben sehr stark und auch die Art, wie wir Liebe machen wollen. Denn beim Sex, besonders wenn wir jemandem näher kommen, ist es entscheidend, dass wir uns sicher fühlen.

Es ist natürlich und sogar gesund, dass sich die Art der Erregung, die in der „Flitterwochenphase" da war, verflüchtigt. Wir werden schnell erregt, wenn wir mit jemandem Sex haben, den wir gerade kennengelernt haben. Aber durch mehr Vertrautheit, das Zusammenleben und andere Gründe, die wir noch genauer untersuchen werden, verschwindet die Erregung mit der Zeit. Wir versuchen vielleicht, sie auf die eine oder andere Art lebendig zu halten, aber die Methoden werden immer künstlicher und bemühter. Die Lösung liegt darin, etwas Tieferes und Beständigeres zu finden, das nach und nach unser Bedürfnis nach immer wiederkehrender Erregung ersetzen kann.

Erregung kann in der Sexualität einer Langzeitbeziehung nicht die erhaltende Kraft sein.

Als wir uns hinsetzten, um dieses Buch zu schreiben, waren wir vierzehn Jahre zusammen. Die Einsichten, die wir hier weitergeben, haben wir selbst gelernt und erfahren, zum einen durch unsere eigene Liebesbeziehung, zum anderen durch die Arbeit mit Menschen in unseren Workshops. Begegnet sind wir uns zum ersten Mal in Indien, wo wir beide in einer spirituellen Kommune lebten und meditierten. Unter anderem wurden in dieser Kommune Kurse für persönliches Wachstum angeboten. Als wir ein Paar wurden, entschlossen wir uns, an einem zweiwöchigen Tantrakurs teilzunehmen. In diesem Kurs wurde eine bestimmte Art des Liebemachens (die wir in einem späteren Kapitel genauer beschreiben werden) gelehrt, in der Meditation und Sexualität miteinander verbunden waren. Das hat uns angesprochen.

Zu dieser Zeit, als wir den Kurs besuchten, war ich (Krish) an einem Punkt, wo ich an der Art und Weise meines Liebemachens etwas ändern wollte. Zum einen sehnte ich mich nach mehr Tiefe, Liebe und Meditation in der sexuellen Verbindung. Es gab aber auch einen anderen Grund. Ich hatte Angst, beim Liebemachen zu schnell zu kommen, wenn ich oder meine Partnerin erregt wurden. Ich schämte mich so, wenn das passierte und konnte mich deswegen nicht wirklich entspannen. Die Methode, die wir in diesem Tantrakurs lernten, legte mehr Gewicht auf das sich Verbinden als auf die sexuelle Leistung und lehrte Liebemachen auf eine so entspannte, nicht-aktive Weise, dass etwas in mir zutiefst loslassen konnte. Ich bemerkte, dass sich etwas für mich veränderte, wenn ich mir die Zeit nahm, mich zu entspannen und beim Liebemachen meinen Fokus mehr auf die Verbindung richtete, statt auf die Erregung.

Dadurch, dass der Druck und die Erwartungen wegfielen, verschwanden auch meine Unsicherheit und damit meine sexuelle Funktionsstörung.

Wir haben festgestellt: Je weniger Druck und Anforderungen beim Sex da sind, umso lebendiger bleibt das Liebes- und Sexleben für Paare.

Für mich (Amana) war es sehr nährend zu entdecken, dass Liebemachen so entspannend und zutiefst befriedigend sein konnte, ohne irgendetwas tun zu müssen. Ich entdeckte, dass etwas viel Tieferes passiert, wenn unsere Körper sich verbinden und unsere Energien miteinander verschmelzen, als beim „üblichen" Sex. So hat dieser Kurs unsere Beziehung für eine andere Art des Zusammenseins vorbereitet, in der es beim Liebemachen weniger um Erregung oder sexuelle Befriedigung geht, als vielmehr darum, unsere Verbindung zu vertiefen.

In unserer eigenen Beziehung begegnen wir immer wieder unseren Ängsten und Unsicherheiten und arbeiten sie durch. Fakt ist, dass in fast jeder tiefen Beziehung die Wunden der einen Person die der anderen berühren. Und beide müssen sich den eigenen unbewussten, automatisierten Verhaltensweisen stellen, durch die sie den Anderen entweder wegstoßen oder sich verstecken – und sich dann vom Liebemachen zurückziehen. In unserem Fall kann Krishs Angst, von einer starken Frau überwältigt zu werden und dadurch in Schock zu gehen (was seinen Ursprung in einer sehr starken und übermächtigen Mutter hat), mit Amanas Erfahrung, dass ihr Mann nicht wirklich anwesend ist (was seinen Ursprung in einem alkoholkranken Vater hat, der in die Sucht geflohen war und sich letztlich umgebracht hat), auf Kollisionskurs gehen. Liebe und Bewusstheit haben uns geholfen, mit dieser Dynamik kreativ umzugehen.

> Je intimer wir miteinander werden, umso mehr
> müssen wir verstehen lernen, wie Angst, Scham,
> Schock und Selbstzweifel sich auf unsere
> Sexualität auswirken. Und wir müssen lernen,
> über das, was wir beim Sex erleben, zu sprechen,
> besonders über das, was uns verletzt. Und sehr
> wahrscheinlich wird diese Verletzlichkeit den
> Sex verändern.

Es braucht aber ein bisschen mehr, um eine gesunde Langzeitbeziehung zu leben. Wir müssen auch unseren Gefühlshaushalt sauber halten und weiter daran arbeiten, die Liebe zwischen uns zu vertiefen. Wir waren damals zwölf Paare, die an diesem Kurs teilnahmen; soweit uns bekannt ist, sind wir das einzige Paar, das noch zusammen ist. Die häufigste Ursache, warum die anderen Beziehungen auseinander gingen, waren ungelöste emotionale Konflikte – sie haben das Band der Liebe zerrissen.

Wir beide konnten unsere Liebe und Sexualität lebendig halten, weil wir es uns von Anfang an zur Priorität gemacht haben, mit allem umzugehen, was Distanz und Schmerz zwischen uns verursacht. Mittlerweile sind wir so nah miteinander, dass wir sofort spüren, wenn etwas diese Nähe stört. Wir haben gelernt, dass wir emotional werden oder uns voneinander distanzieren, wenn eine frühere innere Wunde wieder berührt wird, die immer noch schmerzt. Oder weil wir im Stress und überfordert sind, und das am Anderen auslassen.

Der Sex ist das Erste, was sich verflüchtigt, wenn wir aus Stress emotional werden. Wir sind uns wahrscheinlich nicht bewusst, dass wir ein emotionales Minenfeld betreten, wenn wir jemandem nahe kommen. Wir wollen einfach, dass es wieder so harmonisch und konfliktfrei wird, wie am Anfang unseres Zusammenseins. Liebe ist nicht so.

Liebe lässt alte Wunden aufbrechen: die Angst, vereinnahmt oder verlassen zu werden, die Angst vor der Abhängigkeit vom Anderen, die Angst sich im Andern aufzulösen, unsere Erwartungen und unseren tief vergrabenen Groll auf das andere Geschlecht.

> Wir alle brauchen Anleitung, um durch all die
> emotionalen Themen zu steuern, die auftauchen.
> Wir müssen wissen, warum wir auf etwas
> reagieren, wie wir damit umgehen sollen –
> und schließlich und endlich darüber sprechen.
> Die meisten von uns haben das nicht gelernt,
> bevor sie sich in einer Beziehung wiederfanden.
> Wir haben keine „Schule für Intimität" besucht,
> bevor wir uns verliebt haben.

Es ist meist so, dass unsere Reaktionen und Irritationen kaum etwas oder gar nichts mit der anderen Person zu tun haben. Sie kommen aus einem momentanen Mangel an innerem Raum und dem Gefühl, vom Leben überfordert zu sein. Wenn wir provoziert werden, möchten wir oft Jemandem oder Etwas die Schuld geben oder Etwas oder Jemanden finden, der macht, dass wir uns besser fühlen. Und wenn uns innerer Raum fehlt, können das kleinste Ding, das die andere Person tut, oder Stress, Enttäuschung oder Frustration leicht unsere Aufregung und Ängste provozieren und uns dazu bringen, zu reagieren. Wenn wir aufeinander reagieren, leidet unsere Sexualität darunter.

> Unser Sex wird durch Angst, Scham und
> Selbstzweifel beeinträchtigt. Zugleich ist aber
> unsere Verletzlichkeit das Tor zu den tiefsten
> und wertvollsten Teilen unseres Selbst,

zu den Schätzen unserer Seele und zum Herz unserer Intimität.

Dies ist kein Tantrabuch. Es handelt nicht von der Lehre, auf eine andere Art Sex zu haben, um einen besseren Orgasmus zu bekommen oder Sexualität zu nutzen, um ekstatische Zustände zu erreichen. Dafür sind wir keine Experten und es gibt viele gute Bücher, die sich damit beschäftigen.

In diesem Buch bieten wir eine „Landkarte", um Sexualität und Verletzlichkeit zusammen zu bringen, sodass daraus eine Möglichkeit entsteht, eine tiefere und reichere Intimität zu leben. Zu oft scheitern Beziehungen und Sexualität, weil wir die Empfindlichkeiten des Anderen nicht verstehen und weil uns das Handwerkszeug fehlt, um miteinander zu kommunizieren und Groll und Kränkungen aufzulösen

Es ist uns ein aufrichtiges Anliegen, mit diesem Buch konkrete Wege aufzuzeigen, wie man mit diesen Themen umgehen kann. Wir werden Beispiele aus unserem eigenen Leben geben und von Menschen, mit denen wir gearbeitet haben. Um die Vertraulichkeit zu bewahren, haben wir Namen weggelassen oder verändert.

TEIL I

Ein Modell für Sex und Intimität

1. Kapitel

Stimmt für mich die Art und Weise, wie ich Liebe mache?

Unterschiedliche Ebenen des sexuellen Erlebens – ein Überblick

ADRIAN UND LISA SIND SEIT SIEBEN JAHREN ZUSAMMEN. SIE HABEN Schwierigkeiten im Sex. Adrian hat das Gefühl, dass Lisa ihm nicht erlaubt, lebendig, ungehindert und spontan zu sein, wenn sie miteinander Liebe machen, während Lisa fühlt, dass er zu schnell loslegt und sich vor seiner sexuellen Forschheit erschreckt. In den Momenten, in denen bei ihr Angst aufsteigt und sie ihm sagt, er möge sensibler mit ihr umgehen, sieht und spürt er seine Mutter, deren eigene Sexualität unterdrückt war und die sich schuldig fühlte und die seine Sexualität nicht unterstützt hat.

Lisas Geschichte ist eine andere. Sie hat erst vor kurzem entdeckt, dass sie als Kind sexuell missbraucht wurde und spürt jetzt bereits Angst, wenn sie nur an Sex denkt. Einen Weg zu finden, wie die beiden einfühlsam miteinander umgehen können und sich ihre Sexualität trotz ihrer Wunden weiterentwickeln kann, war ein hartes Stück Arbeit.

Hier ist ein Ausschnitt eines Streits, den die beiden in einer ihrer Sitzungen mit uns hatten:

Adrian: „Ich hasse es, wenn du mich beim Sex bremst. Ich fühle mich dadurch kontrolliert und sogar kastriert."

Lisa: „Adrian, ich möchte dich nicht bremsen, aber wenn du mit dieser Art männlicher Energie auf mich zukommst, zieht sich mein Körper sofort zusammen."

Adrian: „Das war früher nie so. Du hast es geliebt, wenn ich dich erregt habe."

Lisa: „Ich weiß, aber das war am Anfang. Jetzt ist es anders. Ich mag deine Intensität und deine Männlichkeit, aber aus irgendeinem Grund wird es mir zuviel, wenn wir Liebe machen. Und wenn du dich dann so schnell in mir bewegst, bekomme ich Angst."

Adrian: „Du hast einfach Angst vor viel Energie, weil du die Kontrolle nicht verlieren kannst."

Lisa: „Und du hast Angst davor, verletzlich zu sein."

Hier bricht die Kommunikation ab und es herrscht Stillstand.

An diesem Beispiel zeigen sich wichtige Themen für Paare, die schon länger zusammen sind. Am Beginn einer Partnerschaft ist durch die neue Situation Harmonie und gutes Verstehen fast automatisch gegeben, aber im Verlauf der Beziehung hält das nicht unbedingt an. In einem unserer Bücher, *Liebe ist k(ein) Kinderspiel*, haben wir über die drei Schichten unseres Seins gesprochen. Es ist ein Modell, das wir auch hier anwenden können, um die Reise des Liebenlernens zu verstehen. Es besteht aus drei Kreisen, die unsere emotionale und spirituelle Struktur zeigen – ein großer Kreis mit einem kleineren darin und einem noch kleineren in diesem.

Der äußere Ring repräsentiert die Schicht unserer Schutzhüllen und Verteidigungsmechanismen: unsere Strategien der Kontrolle, wie wir uns zurückziehen, kämpfen, manipulieren, Besitzansprüche, Forderungen stellen, Erwartungen haben, aufgeben, in den Kopf gehen, unsere Sucht, ob Arbeit, Essen oder Sex – all das, was uns davon abhält zu fühlen.

Der mittlere Ring repräsentiert unsere verletzte Empfindsamkeit, im Grunde all unsere Ängste und Unsicherheiten: Die Angst vor Nähe, die Angst davor, verlassen oder vereinnahmt zu werden, Angst vor Grenzüberschreitung und Respektlosigkeit, unsere Angst uns auszudrücken, jemanden zu konfrontieren oder ehrlich zu sein, die Angst gedemütigt, verurteilt oder kritisiert zu werden oder allein zu sein. In dieser Schicht tragen wir unsere Verletzungen und die Körpererinnerung an Traumata aus unserer Vergangenheit. Hier liegen auch unsere verwundete Unschuld und unser gebrochenes Vertrauen, unsere Sehnsucht nach Liebe, aber auch unsere Angst, uns zu öffnen und uns verletzlich zu zeigen.

Der innere Ring stellt unsere Essenz dar: unsere natürliche Lebendigkeit, Sensibilität, Freude, unsere freie Sexualität, Kraft, Klarheit, Stille, Liebesfähigkeit und Weisheit. Viele von uns haben diesen inneren Raum für kurze Augenblicke erfahren, sei es in Meditation, beim Liebemachen, im Sport, in der Natur oder unter dem Einfluss psychedelischer Substanzen. Aber selten leben wir die überwiegende Zeit in unserer Essenz. Wenn wir einmal den Seinszustand der Essenz geschmeckt haben, ist es ganz natürlich, dass wir Sehnsucht nach mehr haben. Das kann uns süchtig nach dem machen, was uns zu diesem Geschmack verhilft, zum Beispiel Drogen, Extremsport, Sex usw.

Das Bild der drei Schichten gibt uns ein gutes Bezugssystem, um unsere Sexualität verstehen zu können, und wie und warum sie sich durch mehr Nähe verändert. Wenn wir eine Beziehung anfangen, das gilt für jede Beziehung, aber besonders für eine sexuelle, begegnen wir einander oft in unserer essenziellen Schicht. Deswegen geht am Anfang alles so reibungslos. Unsere Energie ist hoch, wir sind glücklich, dass wir jemand getroffen haben, mit dem wir zusammen sein wollen und der Sex ist wahrscheinlich großartig, wenn nicht ekstatisch. Aber dieser

Flitterwochenzustand hält meist nicht lange an. Mit der Zeit gibt es Enttäuschungen und Frustration, und alte Wunden werden berührt. Jetzt erfahren einer oder beide die mittlere (verwundete) Schicht. Anstatt diese Ängste und Verletzungen zu fühlen und sie durchzuarbeiten, springen wir im Normalfall direkt in unsere äußere (Schutz-)Schicht. Die Flitterwochen sind vorbei.

Dieses Modell hilft auch zu verstehen, wie unsere Sexualität sich mit tiefer gehender Intimität verändert. Wir beschreiben diese Änderungen als drei unterschiedliche Ebenen der sexuellen Erfahrung. Sie sind weder linear, noch ist die eine „höher" oder „besser" als die andere. Sie sind einfach unterschiedlich.

Die Ebenen beschreiben auch eine innere Reise und die natürliche Entwicklung von zwei Menschen, die in Liebe und Intimität miteinander wachsen. Unser spiritueller Meister hat der Sexualität viel Aufmerksamkeit geschenkt. Er war der Ansicht, dass die traditionellen Religionen durch die Unterdrückung der Sexualität falsche Moral, Aggressionen, Unterdrückung, Schuldgefühle und Krankheiten erzeugten. Er lehrte, dass wir durch die freie Erforschung unserer Sexualität auf eine natürliche Weise zu einer Sexualität kommen würden, die auf Verbundensein und Meditation ausgerichtet ist. Wir beide waren von diesem Ansatz sehr angezogen; wir haben es ausprobiert und festgestellt, dass es genauso abläuft, wie er es beschrieb. Bevor wir beide zusammen kamen, hatten wir unsere Sexualität weitgehend erforscht, und so hatten wir beide das Gefühl „alles ausprobiert zu haben", und suchten deshalb nach etwas, das tiefer ging und nährender für uns war.

Sex auf Ebene I

BEIM SEX AUF EBENE I geht es in erster Linie um Energie, Leidenschaft und Erregung. Der Fokus ist auf Vergnügen und den Orgasmus ausgerichtet, auf tiefer Befriedigung und darauf, zu lernen, wie wir uns selbst und der anderen Person Genuss verschaffen können. *Sex auf Ebene I* hat auch damit zu tun, uns von unseren Hemmungen und den unterdrückten Aspekten unserer Sexualität zu befreien, mit der viele von uns aufgewachsen sind. Wir lernen, unseren eigenen und den Körper der anderen Person ohne Schuldgefühle zu genießen. Wir erforschen unterschiedliche und abenteuerliche Formen der Sexualität und haben Spaß daran. Bei *Sex auf Ebene I* kann es auch sein, dass wir in einer Phase mit mehreren Partnern Sex haben.

Wenn man Spaß am Sex hat, fühlt man sich sehr lebendig und vital. Und wenn wir in unserem Leben diese Phase des Ausprobierens verpasst haben, dann sehnen wir uns danach. Vielleicht hatten wir keine Möglichkeit, Sex ohne Repressionen zu erforschen, aber an einem bestimmten Punkt im Leben hinterfragt man diese Konditionierungen und „verbotene" Gedanken steigen einem zu Kopf. Man entwickelt Fantasien über wilden Sex, surft im Internet nach entsprechenden Seiten, starrt gut aussehenden Männern oder Frauen hinterher, oder fühlt sich in der Ehe alleingelassen – all das, weil man *Sex auf Ebene I* nicht gelebt hat. Wir erleben das oft in unserer Arbeit. Sehr oft liegt die Wurzel eines Paarproblems darin, dass einer oder beide Sehnsucht nach gutem *Sex auf Ebene I* haben, weil sie es nie gelebt haben.

Es passiert nicht selten, dass zwei Menschen sich ein gemütliches und sicheres Leben miteinander einrichten und dann entdecken, dass ihnen etwas fehlt – sie haben nie ihre Sexualität erforscht. Wenn beide Partner dafür offen sind, können sie

Unterstützung in Workshops oder bei einem Therapeuten finden, um dies gemeinsam zu tun. Oft ist das jedoch der Grund, warum Langzeitpaare sich trennen. Es fehlt ihnen an Verständnis darüber, dass es notwendig ist, sich von Schuldgefühlen zu befreien und alle Repressionen, die es um das Thema Sexualität gibt, zu heilen.

> **Die meisten von uns fantasieren über erregenden, leidenschaftlichen und orgasmischen Sex, sie hungern förmlich danach. Wenn wir das nie gelebt haben, kann es passieren, dass wir einen großen Teil unseres Lebens mit der Sehnsucht danach verbringen. Und da so viele von uns von klein auf mit allen möglichen Schuldgefühlen und unterdrückenden Botschaften über Sex konditioniert wurden, kann die Begierde nach solchem Sex zu einem Vulkan werden, der in uns schwelt und nur darauf wartet, auszubrechen.**

Es gibt einen Nachteil beim *Sex auf Ebene I:* Wenn der Fokus auf Lust und Orgasmus liegt, kann es Probleme geben, wenn unsere Verletzlichkeit auftaucht. Sie kann sich in Angst, Kontraktionen und Funktionsstörungen zeigen. Wir wollen aber auf dieser Ebene auf keinen Fall, dass irgendein Problem den freien Fluss unserer Sexualität einschränkt. Also kompensieren wir, um unsere Verletzlichkeit in Schach zu halten: Wir machen uns Druck, lustvoller zu sein oder der anderen Person mehr Lust zu bereiten, tollere Orgasmen zu haben, härtere Erektionen oder länger andauernden Sex. Dadurch kann unsere Sexualität leicht von unserem inneren Empfinden abgetrennt werden.

Kompensierende Verhaltensweisen sind: Das Fokussieren auf sexuelle Leistung und Orgasmus, der Zwang Sex zu haben, um unseren eigenen Ansprüchen oder den Erwartungen der anderen Person zu entsprechen. Wir können uns getrieben fühlen, ungeduldig und sexuell fordernd. Kompensation kann sich in obsessivem Denken und Fantasien über Sex zeigen.

Ein Klient gestand uns, dass er – würde er sich erlauben, seine Unsicherheit zu fühlen – nicht mehr „richtig" funktionieren würde; er würde entweder zu schnell kommen oder seine Erektion verlieren. Er hatte schreckliche Angst, dass seine Partnerin ihn ablehnen und jemand anderen finden würde.

Eine Frau, mit der wir arbeiteten, erzählte, dass sie ihrem Partner niemals ihre Ängste mitteilte, denn „wenn er wüsste, was für Ängste ich habe, würde er mich nicht mehr attraktiv finden."

Das größte Problem beim *Sex auf Ebene I* ist, dass wir durch die Verweigerung, unsere Verletzlichkeit zu fühlen, uns sehr wahrscheinlich zu „objektivem Sex", wie wir ihn nennen, hingezogen fühlen. Bei objektivem Sex machen wir keinen wirklich intimen Kontakt mit unserem Partner. Objektiver Sex erlaubt uns, stimuliert und erregt zu sein, ohne uns um potentiell unangenehme Unsicherheiten und Ängste kümmern zu müssen, die irgendwo im Unbewussten lauern. Objektiver Sex hat eine starke Anziehungskraft, wie wir in einem späteren Kapitel noch beschreiben werden, und ist der Grund, warum Sex süchtig machen kann und viele Menschen sich zu Pornografie hingezogen fühlen.

> **Sex auf Ebene I macht Spaß, ist aufregend und manchmal ekstatisch. Aber wenn wir daran festhalten und unseren Ängsten und Unsicherheiten nicht erlauben aufzutauchen, werden wir im Laufe der Zeit und wenn größere Nähe entsteht, kompensieren und es entwickeln sich Suchtstrukturen.**

Sex auf Ebene II

Wenn wir beim Sex verletzlicher werden, betreten wir *Ebene 2*. Wir beginnen zu fühlen, dass wir etwas anderes beim Liebemachen brauchen als bisher. Ein Grund kann sein, dass wir uns nach einer tieferen Verbindung mit unserem Partner sehnen und mit der bisherigen Art des Liebemachens nicht mehr zufrieden sind. Aber öfter kommt es vor, dass Unsicherheiten auftauchen, wenn wir mit unserem Partner schlafen. Wir entwickeln vielleicht sexuelle Funktionsstörungen oder haben Schmerzen beim Sex, unser Körper zieht sich zusammen und möglicherweise haben wir sogar verschwommene Erinnerungen an frühere Traumata. An einem bestimmten Punkt können wir es nicht länger verheimlichen oder davor davon laufen, unser Körper macht einfach nicht mehr mit. Und dann, wie gesagt, wollen wir Sex vermeiden oder wir versuchen zu kompensieren, um die aufkommende Angst und Unsicherheit zu übergehen.

> Es kommt oft vor, dass wir Sex meiden
> oder durch etwas kompensieren, um nicht
> die Ebene II oder „Verletzlichkeitsschicht",
> wie wir sie nennen, zu betreten.

Manche befinden sich gleich am Anfang einer Beziehung auf *Ebene II*. Bei anderen zeigt sie sich, wenn sie sich näher kommen. Die schmerzvollen Erfahrungen der Vergangenheit sind immer noch in unserem Körper, unserer Sexualität und unserem Nervensystem gespeichert. Werden sie berührt, kommen die Symptome unseres Traumas an die Oberfläche.

Viele Menschen, mit denen wir gearbeitet haben, erzählen, dass sie erst, nachdem sie eine Zeit lang mit jemand zusammen waren, merkten, wie sehr sie sich beim Sex ängstigten und unsicher fühlten. Andere litten nicht so sehr unter Angst und Unsicherheit, sondern unter physischen Funktionsstörungen. Das alles gehört zu *Sex auf Ebene II*.

Es gibt einige Herausforderungen auf *Ebene II*: Wir werden wahrscheinlich das unkomplizierte „high" beim Sex, das wir auf *Ebene I* hatten, vermissen. Wir sehnen uns nach den guten alten Zeiten, als es beim Sex noch keine Komplikationen gab und möglicherweise manipulieren wir unsere Sexualität, damit wir uns nicht so verletzlich fühlen. Hinzu kommt, dass unser Partner vielleicht keine Geduld mit uns hat. Wir verstehen nicht, was passiert und wissen nicht, wie wir uns mitteilen können, wenn diese Zustände auftauchen.

Oft merken wir nicht einmal, dass wir Angst haben oder uns schämen, aber unser Körper weiß es und funktioniert einfach nicht so, wie wir wollen. Bei Frauen kann sich das darin zeigen, dass sie nicht erregt werden, nicht zum Orgasmus kommen, Infektionen in der Vagina haben, eine trockene Scheide, Beckenboden- oder Blasenentzündungen.

Bei Männern können es Schmerzen im Genitalbereich sein, Erektionsschwierigkeiten oder frühzeitiger Samenerguss. Bei beiden kann es sich in sexuellen Fantasien zeigen und einem innerlichen Weggehen während des Liebemachens.

> Wir können unser Verletzlichsein nicht bekämpfen. Wenn Angst und Unsicherheit beim Sex auftauchen, müssen wir damit umgehen; sie verschwinden nicht von selbst. Sex war vielleicht unsere Lieblingsmethode, um tiefe innere Begegnungen zu vermeiden, aber wenn der Körper so reagiert, dass er nicht mehr funktioniert, ist uns dieser Fluchtweg verwehrt.

Probleme gibt es meist, wenn eine Person sich auf *Ebene II* befindet, und Scham und Angst auftauchen, während der Partner auf *Ebene I* ist und sich nach Leidenschaft, Erregung und unkompliziertem Sex sehnt. Wenn es in einer Beziehung noch andere ungelöste Themen gibt, kann die Disharmonie beim Sex leicht zum zentralen Konflikt werden.

Eine Klientin erzählte uns, dass ihr Freund die Schuld an den sexuellen Problemen, die die beiden hatten, den Seminaren gab, an denen sie teilnahm. Er sagte ihr: „Bevor du angefangen hast, zu diesen Seminaren zu gehen, war unser Sex völlig in Ordnung. Jetzt kannst du dich nicht mal mehr öffnen und Spaß haben."

Damit zwei Menschen mit dieser Verschiedenheit umgehen können, muss ihre Liebe füreinander stark sein; so stark, dass sie sich hindurcharbeiten und verstehen, was da geschieht. Hinzu kommt, dass Partner sich in einer tiefen Beziehung oft auf mysteriöse Weise ihre Angst- und Schamzustände spiegeln. Diese zeigen sich unterschiedlich: Eine Person ist vielleicht besser im Kompensieren, tief drinnen sind die Wunden aber genauso stark vorhanden. Problematisch wird es, wenn ein Partner nicht bereit ist, sich selbst genauer anzuschauen und nicht sehen will, dass die Beziehung etwas spiegelt, womit er oder sie noch nicht in Kontakt ist.

Der Schlüssel zur Heilung auf *Ebene II* liegt darin, unsere Unsicherheiten und Ängste wahrzunehmen und sie anzuerkennen. Wir müssen lernen, uns selbst das zu geben, was wir brauchen, um uns sicher und offen fühlen zu können.

Wir brauchen unendlich viel Geduld und Akzeptanz für all die Angst, die Scham und den Schock, die sich in unserem Körper und unserem Nervensystem angesammelt haben. Diese Geduld beginnt damit, dass wir mit uns selbst sanft umgehen und mit unserem Partner darüber sprechen.

Intimität kann nur wachsen und sich vertiefen,
wenn wir lernen, unsere eigene Verletzlichkeit
und die des Partners zu akzeptieren. Und dann,
so seltsam das scheinen mag, wird auch der
Sex besser.

Sex auf Ebene III

Auf dieser Ebene sind wir in der Lage, alles was beim Liebesakt auftaucht, da sein zu lassen. Die Liebe ist das Gefäß, das die Ängste und Unsicherheiten umfängt, wenn sie sich beim Sex zeigen. Wenn du das Gefühl hast, deinen Partner so sehr zu lieben, dass du geduldig und mitfühlend mit seinen/ihren Ängsten bist, dann befindest du dich auf *Ebene III*. Wenn du das Gefühl hast, dass du mit deinen eigenen Ängsten geduldig bist und du mit ihnen und ohne sie geliebt wirst, dann bist du auf *Ebene III*.

Auf dieser Ebene können wir alles annehmen und auch feiern, was beim Liebemachen auftaucht. Diese Ebene ist ein wahres Erblühen unserer essenziellen Liebesnatur – für uns selbst und für den anderen. Wir nehmen unsere Verletzlichkeit an und dieses Annehmen erlaubt uns, dass wir uns sexuell öffnen können. Wir akzeptieren, was für uns und unseren Partner im Sex passiert. Auf dieser Ebene verstehen beide, dass es um die Liebe geht, nicht um das sexuelle Hochgefühl.

Beim Sex auf Ebene III liegt die Priorität auf
Liebe und der Verbindung mit dem Partner, statt
auf sexueller Befriedigung. Indem wir anfangen,
unsere sexuellen Ängste und Unsicherheiten
anzunehmen und sogar mitzuteilen, wächst
Vertrauen in uns selbst und ineinander.

Und wenn unser Vertrauen in uns selbst wächst, ist es viel einfacher zu sagen, was wir brauchen. Durch das Akzeptieren und die Bereitschaft, uns mitzuteilen, bauen wir ein tiefes Vertrauen mit unserem/unserer Geliebten auf. Auf dieser Ebene ist die Liebe für uns selbst und füreinander groß genug, um die Verletzlichkeit von *Ebene II* und den ungehemmten, spielerischen Sex von *Ebene I* mit einzuschließen. Und paradoxerweise gibt es mit wachsendem Vertrauen und wachsender Liebe oft auch mehr Raum für die Leidenschaft und Intensität, die früher vielleicht beängstigend waren.

An diesem Punkt können Orgasmus und Erregung da sein oder nicht, der Sex kann still und ruhig sein, sexuelle Funktionsstörungen können da sein oder nicht, es spielt keine Rolle.

Beim Sex auf Ebene III ist es uns ein natürliches Bedürfnis, unserem Partner Sicherheit zu geben.

Wenn gegenseitiges Vertrauen da ist, wird es einfacher, ja sogar einladend, diese sensiblen und feinfühligen Erlebnisse miteinander zu teilen. Gerade das vertieft unsere Intimität und dabei können wir von den Erfahrungen des anderen lernen, denn im Grunde sind wir gar nicht so verschieden. Wir können die Ängste unseres Geliebten nachvollziehen, weil wir sie auch haben, auch wenn sie sich anders zeigen. Wir sehen keine Trennung mehr. Die Verletzlichkeit der anderen Person fühlen und annehmen zu können, ist eine unserer größten Wachstumschancen.

Ein Paar erzählte uns, dass sich ihre Perspektive beim Sex verändert hat, seit sie mehr verstehen, wie sich die Verletzlichkeit auf den Sex auswirkt. Statt den Fokus darauf zu richten „zu kommen", sind beide offener für die Ängste des anderen geworden und können spüren, wie viel reicher und tiefer ihre Liebe dadurch geworden ist.

Auf *Ebene III* kann Sex auf ganz natürliche Weise zu einer eher spirituellen, als körperlichen Erfahrung werden. Sex wird dann nicht nur ein gemeinsames Erleben von Liebe, sondern auch ein gemeinsam erlebtes „in Meditation" sein. Wenn Liebe die Grundlage ist, beginnen die Körper und Energien zweier Menschen zu verschmelzen. Dann machen wir Liebe, nicht um Spannungen loszuwerden, sondern um unsere Verbindung miteinander, unsere Präsenz und Stille zu vertiefen. Es kann sein, dass die Erregung mit zunehmender Intimität weniger wird, sie wird jedoch ersetzt durch ein tiefes Genährtsein, das wir miteinander teilen.

Was wir *Sex auf Ebene III* nennen, ist nicht nur ein Erblühen der Liebe, sondern auch das Erblühen einer tieferen Selbstwahrnehmung und eines größeren Verstehens.

Es ist das Ergebnis einer Reise, die wir in den folgenden Kapiteln beschreiben werden.

Einer Reise, auf der wir:

- lernen, unseren Körper zu lieben und unsere Sexualität zu feiern.

- erkennen, wann wir Sex dazu benutzen, um unsere Verletzlichkeit nicht spüren zu müssen.

- lernen, unsere sexuellen Bedürfnisse und unser eigenes Tempo zu respektieren und uns Ängste und Unsicherheiten einzugestehen.

- lernen, uns durch die emotionalen Konflikte hindurchzuarbeiten, die unsere Lust auf Sex und unser sexuelles Erleben beeinträchtigen.

- lernen, von Moment zu Moment darauf zu hören, was wir brauchen.

- lernen, das Tempo der anderen Person und ihre Ängste und Unsicherheiten zu respektieren und anzunehmen.

- lernen, uns darum zu kümmern, Zeit für Sex einzuplanen, unabhängig vom Trubel des Alltags, der uns schnell überfordert und vom Liebemachen abhalten kann.

- lernen, uns bewusst zu werden, dass Sex im Grunde ein spiritueller Weg sein kann, um unseren spirituellen Durst zu stillen und uns zu lehren, was Liebe und Meditation sind.

TEIL II

Wenn der Sex zum Problem wird

2. Kapitel

Lebe ich meine Sexualität?

Die Sehnsucht nach sexueller Freiheit

EIN MANN IN EINEM UNSERER TRAININGS ERZÄHLTE UNS, DASS ER pornografische Filme anschaue. Er hatte Schuldgefühle deswegen und tat es trotzdem. Er bat um unsere Meinung als Gruppenleiter und um das Feedback der anderen Teilnehmer. Die Reaktionen in der Gruppe waren gemischt. Den meisten Frauen war es unangenehm, dass er das tat und sie wollten wissen, warum er das Bedürfnis danach hatte. Er antwortete, dass er die Stimulation genoss und dass es eine Erleichterung war, sich nicht mit all dem „emotionalen Zeug" auseinandersetzen zu müssen, das hochkam, wenn er mit einer Frau schlief. Die Reaktionen der Männer waren unterschiedlich. Einige gaben zu, dass sie es auch taten, andere meinten, dass Pornografie anzuschauen für sie leer war und dass sie lieber mit einer Frau auf sensible und liebevolle Art Liebe machen würden.

Wir sagten ihm, dass Pornos zu schauen, aus unserer Perspektive an sich nichts Schlimmes ist, aber es ist ein Symptom dafür, dass etwas im Leben fehlt. Normalerweise haben wir eine tief sitzende Angst vor Intimität oder davor, unsere Unsicherheiten im Sex zu zeigen. Mit Pornografie können wir sexuell erregt werden, ohne mit einer anderen Person zurechtkommen zu müssen. Der Körper kann erregt sein, obwohl da keine Liebe zwischen uns und der anderen Person fließt. So wird Sex objektiviert und wir haben im Grunde Sex mit uns selbst oder noch eher Sex im Kopf.

Bei diesem Mann ging es nicht darum, keine Pornofilme mehr anzuschauen, nur weil er sich schuldig und schmutzig dabei fühlte. Für ihn ging es darum, seine Sexualität aus der Zwangsjacke der Schuld zu befreien. Es war wichtig für ihn, all die Urteile und negativen Botschaften über Sex (verbal und nonverbal) anzuschauen, die er als Erbe seiner Vergangenheit noch in sich trug. Für ihn war es wichtig, seinen Körper und seine Sexualität wertzuschätzen. Wir baten ihn, der Gruppe in seinen Worten zu beschreiben, was er an seiner Sexualität an diesem Punkt in seinem Leben als wahr und authentisch erlebte.

Er sagte: „Ich liebe Sex. Ich liebe es, Liebe zu machen und leidenschaftlichen Sex zu haben. Ich schäme mich sehr, das zu sagen und ich schäme mich auch, dass ich manchmal mit einer Frau schlafen will, auch wenn ich nicht in sie verliebt bin. Aber wenn ich ehrlich bin, so ist es. Man hat mir immer beigebracht, dass Sex etwas ist, das man im Griff haben sollte und dass es nicht okay ist, sich einfach sexuell zu fühlen. Jetzt möchte ich meine Sexualität leben, ich möchte sie erforschen, ohne mir ständig Stress machen zu müssen, ob ich verliebt bin oder ob die Beziehung eine Zukunft hat.“

Nachdem er das gesagt hatte, fühlte er sich sehr viel wohler und war mit sich im Reinen. Auch die Frauen meinten, dass sie sich mit ihm besser fühlten, nachdem er sich offen und ehrlich gezeigt hatte. Er war überrascht zu hören, dass manche Frauen auch gerne Sex hatten, ohne verliebt zu sein oder eine längere Beziehung mit dem Sexpartner anzustreben.

Auf einer tieferen Ebene wird es für ihn irgendwann wichtig sein, seine Angst, einer Frau näher zu kommen, zu erforschen. Aber jetzt war nicht der Zeitpunkt dafür da. Für den Moment wollte (und sollte) er seine Sexualität zum Leben erwecken.

Sexualität ist die Wurzel unserer Lebensenergie. Wenn sie unterdrückt wird, kreiert das ein Ungleichgewicht in unserer gesamten Lebensenergie. Das kann alle möglichen körperlichen und mentalen Störungen auslösen. Egal wie viel Unterdrückung wir erlebt haben, die Energie ist so stark, dass sie früher oder später an die Oberfläche kommt. Manchmal geschieht das früh und wir erforschen schon als Teenager unsere Sexualität. Es kommt aber auch vor, dass wir, trotz Partnerschaft, den größten Teil unseres Erwachsenenlebens in sexuellem Tiefschlaf verbracht haben.

Ein Mann erzählte uns, dass er mit Anfang Zwanzig geheiratet hatte. Es war seine erste Beziehung und seine erste sexuelle Erfahrung mit einer Frau. Die beiden waren dreißig Jahre lang zusammen und dann trennten sie sich. Zwischendurch hatte er immer wieder Fantasien, mit anderen Frauen zu schlafen, aber er blieb seiner Frau treu. Als die Beziehung zu Ende war, tobte er sich aus. Der sexuell lebendige Teenager in ihm, den er nie gelebt hatte, ging auf Streifzug, und zwei Jahre lang hatte er Sex mit den unterschiedlichsten Frauen. Dann hatte er genug. Aber er war glücklich, dass er das endlich ausleben konnte. Nun hatte er seit zwei Jahren eine neue Beziehung mit einer lebendigen, gesunden Sexualität und fantasierte nicht mehr von anderen Frauen.

Viele von uns haben negative Botschaften in Bezug auf Sex erhalten. Manche davon kommen aus unserer religiösen Konditionierung. Veraltete Botschaften wie:

• Sex ist schmutzig, sündig oder dient nur der Fortpflanzung.

• Sex ist nicht spirituell oder wird dich von Gott trennen

- Sex ist unterentwickelt und animalisch.
- Frauen sollten kein Verlangen nach Sex haben, ihn nicht initiieren und nicht sexuell aktiv sein.
- Du darfst nur Sex haben, wenn du verheiratet bist.
- Oralsex ist pervers.
- Es ist nicht okay, andere Männer oder Frauen anziehend zu finden, wenn du in einer Beziehung bist.
- Sexuelle Fantasien zu haben ist nicht in Ordnung.

Diese Botschaften sind mächtig, sie tragen das Gewicht jahrhundertelanger sexueller Unterdrückung und Schuldzuweisung. Wir alle sind sexuell unterschiedlich konditioniert, aber eines ist sicher. Wenn wir in einer Umgebung aufgewachsen sind, in der Sexualität mit Schuld und Unterdrückung beladen war und wir diese negativen Denkmuster übernommen haben, dann verurteilen wir möglicherweise unsere sexuelle Energie und leiden, weil wir uns ständig schuldig fühlen.

Diese negativen Botschaften kommen vielleicht nicht aus unserer Familie, aber von der Gesellschaft, in der wir aufgewachsen sind. Und so fühlen wir eine tiefe innere Gespaltenheit; ein Teil von uns will moralisch, rechtschaffen und spirituell sein, ein anderer Teil in uns möchte hemmungslos seine sexuellen Wünsche ausleben. Diese innere Kluft kann sich auf viele verschiedene Arten zeigen – manche davon sind ungesund. Statt unsere Sexualität voller Lust, Leidenschaft und Spaß zu leben, verstecken wir sie. Statt den Sex als ein spielerisches Abenteuer zu sehen, bei dem wir der anderen Person näher kommen können, machen wir die Person zum Sexobjekt. Wir trennen unseren Sex von unserem Herzen. Wir begegnen in unserer Arbeit oft Menschen, die in Beziehungen leben, in denen der Sex gestorben ist. Sie haben das ignoriert, weil andere Faktoren in ihrem Leben wichtiger geworden waren, aber dann passiert es, dass einer von ihnen jemandem begegnet, sich verliebt und die Leidenschaft erwacht.

Ein Paar Ende Fünfzig war seit dreißig Jahren verheiratet und hatte zwei erwachsene Kinder. Sie kamen einzeln zu uns in die Workshops, weil ihre Beziehung in Schwierigkeiten steckte. Beide waren sehr erfolgreich in ihrem Berufsleben. Zwei Jahre zuvor hatte er sich in eine Kollegin verliebt und die beiden hatten heimlich eine leidenschaftliche Affäre. Schließlich konnte er sich nicht länger verstellen und erzählte seiner Frau davon. Sie war am Boden zerstört und er fühlte sich furchtbar schuldig. Seine Kinder waren wütend auf ihn und beschuldigten ihn, dass er die Familie zerstöre. Er und seine Frau nahmen an einem Sexualitäts-Seminar teil, um ihren Sex wiederzubeleben, aber schlussendlich gab er zu, dass er die neue Frau liebte und seine Partnerin verlassen wollte.

Es ist immer möglich, dass die Person, die sich entscheidet zu gehen, dies tut, weil sie sich den emotionalen Problemen der Beziehung nicht stellen will und die Affäre als Fluchtweg benutzt. Es kann aber auch sein, dass, wenn wir unsere Sexualität zu lange unterdrückt haben, wir sie ausleben wollen, wenn das Leben uns die Chance dazu bietet. Und die Kraft dieser Energie ist *sehr* stark. In obigem Beispiel war die Sexualität des Mannes zum ersten Mal in seinem Leben endlich lebendig. Er und seine neue Geliebte kamen zu einem anderen unserer Seminare und waren wie zwei verliebte Teenager. Er erzählte uns mit einem verschmitzten Lächeln, dass sie drei- bis viermal am Tag Liebe machten, und dass er verlorene Zeit aufholte; sie hatten Sex im Flugzeug, in der Küche, auf dem Wohnzimmerboden und an anderen ungewohnten Plätzen. Mit der Zeit wurde ihre Liebe tiefer und sie fingen an, durch die Ebenen zu gehen, die wir im vorigen Kapitel beschrieben haben.

Für seine Frau waren es einige harte Monate, bis sie die

Trennung überwunden hatte, aber sie hatte den Mut, den Schmerz zu fühlen und sich durch ihr Leid hindurch zu bewegen. Jetzt genießt sie ihr Leben auf eine neue Art und entdeckt, was es für sie bedeutet, in diesem Abschnitt ihres Lebens eine alleinstehende Frau zu sein. Sie hat angefangen, Tanzstunden zu nehmen und sich bei einer Online-Partnervermittlung angemeldet, um andere Männern kennenzulernen.

Die Gefahr spiritueller Ideen

Ein Mann in einem Seminar erzählte uns, dass er bei einer Prostituierten gewesen sei und dies vor seiner Frau geheim gehalten hatte. Als sie es herausfand, war sie verletzt, nicht so sehr, weil er dieses Abenteuer gehabt hatte, sondern weil er es ihr nicht gesagt hatte. Die beiden hatten seit einigen Jahren die Methode des Liebemachens praktiziert, bei der man Erregung vermeidet und nicht zum Orgasmus kommt; es war im Grunde die einzige Art, wie sie jetzt Sex hatten. Als wir tiefer mit ihm forschten, kam heraus, dass er sich von ihr verurteilt fühlte, weil er immer noch manchmal heißen, leidenschaftlichen Sex und einen Orgasmus haben wollte. Auch er verurteilte, was er „seinen wilden sexuellen Mann" nannte. Er ist ein bekannter Arzt in seiner Gemeinde und hat das Gefühl, dass es für jemanden wie ihn und in seinem Alter (50) nicht „richtig" ist, immer noch so viel sexuelle Energie und Leidenschaft zu haben.

> Wir können Sexualität auch mit allerlei
> spirituellen Ideen überfrachten, darüber was
> „höher und weiter entwickelt" ist.
> Aber oft entstehen unsere Ideen aus einem
> Konzept darüber, wo und wer wir sein sollten,

statt mit dem zu sein, was jetzt ist. Selbst neue
Techniken des Liebemachens können zu einer
weiteren Form der Unterdrückung werden –
ein weiteres Dogma, eine neue sexuelle Religion.

Mit unserer Begleitung konnte er die Schönheit, Intensität und
Lebendigkeit seines „wilden sexuellen Mannes" sehen. Es fiel
ihm nicht schwer zu erkennen, dass dies eine wundervolle Seite
von ihm war und er gab zu, dass er manchmal auch gerne heißen
Sex wollte, obwohl er ihre Art des Liebemachens auch mochte.
Wir rieten ihm, dies seiner Partnerin einfach zu sagen.

Die Anziehungskraft der Lebendigkeit gegenüber
der Angst vor dem Unbekannten

Viele Menschen kommen zusammen und heiraten sogar, ohne
ihre Sexualität gelebt oder erforscht zu haben, weil ihre roman-
tische Vorstellung einer Beziehung die Fortsetzung der elter-
lichen Konditionierung ist. Weil wir uns nach einem Partner
sehnen, landen wir ganz schnell in einer Langzeitbeziehung,
ohne wirklich dafür bereit zu sein. Menschen heirateten in jun-
gem Alter, weil Anpassung und Sicherheit ihre Entscheidung
bestimmten. Aber es gibt eine Kraft in uns, die ausbrechen will
aus dem Alten, Stagnierenden und Bekannten. Dann kann es
passieren, dass wir uns zerrissen fühlen zwischen dem Wunsch,
lebendig zu sein und der Angst vor dem Chaos, das wir verursachen könnten. Wir möchten unsere Sexualität erforschen und
gleichzeitig nicht die Bequemlichkeit und Sicherheit unseres
Lebens aufs Spiel setzen. Wenn wir jahrelang unsere Lebensenergie missachtet haben, ganz besonders unsere sexuelle
Energie, und unseren Fokus auf anderes gerichtet haben, dann

kann es zu Turbulenzen kommen, wenn wir diese Kiste aufmachen. Harmonie und Routine, die wir in unserem Leben als Paar geschaffen haben, werden durcheinander wirbeln. Aber an einem gewissen Punkt kann die Sehnsucht nach sexueller Freiheit uns motivieren, zu entdecken, dass etwas fehlt.

Kürzlich haben wir mit einer Frau gearbeitet, die Anfang Sechzig war und sich Hals über Kopf in einen Mann verliebt hatte. Sie hielt an der Affäre mit ihm fest, obwohl sie noch verheiratet war und seit fünfunddreißig Jahren mit ihrem Mann zusammenlebte. Sie gestand, dass sie sich mit ihrem Mann langweilte, dass ihr gemeinsames Leben zur öden Routine geworden war und dass sie nicht wirklich miteinander kommunizierten. Sie hatte ihn geheiratet, weil er so ein zuverlässiger Mann war, ihr finanzielle Sicherheit gab, eine warmherzige Person und ein guter Vater war. Der Sex hatte vor Jahren aufgehört und hatte ihr sowieso nie wirklich Spaß gemacht. Aber jetzt, mit diesem neuen Mann, brach alles aus ihr heraus. Sie fühlte sich wie ein lustvoller Teenager und schämte sich bei dem Gedanken, dass ihre Kinder es herausfinden könnten.

Sie hatte mit ihrem Mann ehrlich über die Situation gesprochen, aber der Gedanke, sich von ihm scheiden zu lassen und die Familie zu zerstören, erschien ihr unmöglich. Sie kam zu uns, weil sie sich so verwirrt, durcheinander und scheinbar außer Kontrolle fühlte. Wir unterstützten sie darin, die Beziehung mit dem neuen Mann weiterzuführen und erklärten ihr, dass es ein gesundes Zeichen war, dass sie ihre Lebensenergie, die sie vor so vielen Jahren unterdrückt hatte, wieder erweckte.

Es ist wichtig, die Macht dieser beiden widerstreitenden Kräfte in uns nicht zu unterschätzen: die Sehnsucht nach Lebendigkeit und die Angst, ja der Schrecken, vor dem Unbekannten.

Die Frau in unserem Beispiel konnte den Mut nicht finden, ihren Ehemann zu verlassen. Wir sahen sie über mehrere Jahre in regelmäßigen Abständen, wenn sie entweder zu einer Sitzung kam oder einfach anrief, um Hallo zu sagen. Sie versuchte immer noch, mit beiden Männern zu jonglieren und fühlte sich gegenüber beiden schrecklich schuldig, dass sie sich nicht entscheiden konnte. Ihre Ausrede war, dass ihre Kinder ihr nie verzeihen würden, obwohl diese erwachsen waren und nicht mehr zu Hause lebten. Wir unterstützten sie einfach darin, beide Seiten des Konflikts zu fühlen und der Zeit zu erlauben, Klarheit zu bringen. Jede Situation ist anders. Aber manchmal braucht es eine Affäre, um zu entdecken, dass man seine Lebens- und Sexenergie verleugnet hat. Und manchmal kann sie uns klarmachen, dass die Beziehung, in der wir sind, für uns nicht mehr stimmt, und dass es Zeit ist, weiterzugehen.

Lernen, offen über Sex zu sprechen

Wenn wir unsere Sexualität aufwecken wollen, ist es hilfreich zu lernen, wie wir über Sex kommunizieren können und unsere Hemmungen, darüber zu sprechen, zu überwinden.

In einem unserer Seminare bieten wir eine Übung an, bei der die Teilnehmer dazu eingeladen sind, ihrem Partner mitzuteilen, wie sie gerne Liebe machen: was ihnen Genuss bereitet, was es ihnen erlaubt, sich offen und sicher zu fühlen, was sie mögen und was nicht und wo im Sex für sie vielleicht Unsicherheit oder Scham auftauchen. Obwohl es in der Sicherheit einer Gruppenstruktur einfacher ist, darüber mit unserem Geliebten zu sprechen, so ist es auch möglich, wenn wir mit ihm oder ihr alleine sind. Für ein Paar, das nur noch wenig oder gar keinen Sex mehr hat, ist es eine Herausforderung, ihn wiederzubeleben. Aber wir haben Paare erlebt, die bereit sind, alles Notwendige zu tun, um ihre Sexualität wieder zu erwecken.

> Wenn wir die Tür zur Wahrheit und Lebendigkeit
> öffnen, ist vieles möglich. Wir brauchen nur die
> Bereitschaft, mit dem zu gehen, was das Leben
> uns bringt. Manchmal bedeutet es, dass die
> Beziehung zu Ende geht. Und manchmal geht
> sie einfach tiefer.

Wir haben das Beispiel eines Paares, das den Übergang geschafft hat und dieses Abenteuer dafür nutzen konnte, ihre Liebe füreinander zu vertiefen. Wir bemerkten in der ersten Gruppe, die sie bei uns machten, dass sie sich sehr eigenartig miteinander verhielten. Sie flirtete mit anderen Männern, während er immer stiller und zurückgezogener wurde. Als wir dies in der Gruppe ansprachen, gab sie zu, dass sie sich zu jemand anderem hingezogen fühlte und sie keine sexuelle Anziehung mehr zu ihrem Ehemann verspürte. Sie beschwerte sich, dass er für sie keine Herausforderung war, dass er sexuell nicht frei war und sie ständig zu retten versuchte. Sie langweilte sich. Die beiden waren erst Mitte zwanzig, aber schon mehrere Jahre verheiratet. Keiner von ihnen hatte davor Liebhaber gehabt; sie waren seit ihrer Kindheit befreundet und hatten kurz nach dem Hochschulabschluss geheiratet.

Jetzt hatte sie das Verlangen, mit anderen Männern zu schlafen. Nachdem sie das mitgeteilt hatte, gestand er, dass er sich auch zu anderen Frauen hingezogen fühlte. In der Tat hatte er aktiv mit einer Frau geflirtet und hätte fast mit ihr Liebe gemacht. Obwohl es für beide schmerzhaft und schockierend war, das zu hören, so war es doch auch erleichternd, sich einzugestehen, was ablief und endlich ehrlich darüber miteinander zu sein. Sie nahmen weiterhin an Seminaren teil, um sich selbst besser kennenzulernen und lernten, Liebe auf eine Weise zu machen, die ihnen helfen konnte, Nähe miteinander zu entwickeln.

Als wir zuletzt von ihnen hörten, ging es ihnen gut. Ihre Liebe füreinander war stark genug, um den Übergang in die Intimität zu schaffen. Sie spürten kein Verlangen mehr, mit anderen Sex zu haben und erforschten ihr Zusammensein neu.

Leidenschaft auszuleben schafft Raum für tiefere Begegnungen

Als ich (Amana) Anfang Zwanzig war, begegnete ich einem Mann, elf Jahre älter als ich, der mich sexuell erweckte. Mit ihm wurde mein ganzer Körper lebendig. Ich hatte davor Leidenschaft und sexuelles Verlangen noch nie so erlebt. In meinen Teenagerjahren hatte ich viele Partner; ich probierte damals vieles aus und genoss es, von Männern begehrt zu werden, aber dieses Feuer und diese Leidenschaft hatte ich selbst nie gespürt. Als wir uns kennenlernten, war er schon lange mit einer anderen Frau zusammen. Wir verbrachten eine sexuell ausgesprochen erfüllende Woche miteinander und als wir uns trennten und er nach Hause zu seiner Frau zurückkehrte, dachte ich, dass ich ihn nie wiedersehen würde.

Zu meinem großen Erstaunen erzählte er seiner Frau von unserer Affäre und beendete die Beziehung. Wir zogen zusammen. Das war der Beginn eines neuen Lebens für mich – voller Farbe, Leidenschaft und Liebe. Diese Leidenschaft öffnete allmählich eine tiefe Sehnsucht in mir nach etwas Höherem, und wir begannen nach Wegen zu suchen, uns tiefer zu verbinden und entdeckten die Spiritualität. Fünf Jahre blieben wir zusammen. Unsere Lebensstile waren jedoch zu unterschiedlich. Er wollte Kinder und ich nicht und irgendwann erkannten wir, dass wir getrennte Wege gehen mussten.

Wir selbst und viele andere Langzeitpaare haben die Erfahrung gemacht, dass irgendwann das Bedürfnis nach etwas anderem auftaucht, wenn wir uns erlauben, unseren Sex total auszuleben. Es kann sein, dass wir uns nach mehr Nähe, Verbundenheit, Stille und Tiefe im Sex sehnen. Die Leidenschaft kann sogar das Verlangen erwecken, uns selbst besser kennenzulernen und den Wesenskern des Lebens zu finden. Wenn wir jedoch heißen, leidenschaftlichen Sex nie gelebt haben, kann es sein, dass unsere Bemühung, diese Phase zu überspringen und direkt in ein meditativeres Liebemachen einzutauchen, einfach ein spirituelles Konzept ist und nicht deine Realität.

Wenn wir lernen, unserem Körper von Moment zu Moment zu vertrauen, entdecken wir möglicherweise, dass wir manchmal Lust auf heißen Sex haben und ein andermal sanften, meditativen Sex mögen. Ohne die fixe Idee, dass eines von beiden besser, höher, spiritueller, lebendiger oder echter ist als das andere, können wir mit dem fließen, was da ist.

Dennoch, immer erregt zu sein, kann eine Form von Sucht sein, wie wir im nächsten Kapitel sehen werden. Und sie wird auf ganz natürliche Weise weniger, wenn sich mehr Intimität entwickelt. Anstelle der Erregung entsteht ein nährender Fluss aus Liebe und Verbundenheit mit dem Partner.

3. Kapitel

Wovor laufe ich davon?

Wie wir Sex benutzen, um Verletzlichkeit zu vermeiden

EIN FRÜHERER KLIENT UND MITTLERWEILE FREUND, ERZÄHLTE UNS eine interessante Geschichte. Er ist ein Weltklasseathlet und in seiner Heimat sehr bekannt. Jahrelang benutzte er seinen Ruhm, um Frauen zu verführen und mit ihnen sexuell leidenschaftliche Kurzzeitbeziehungen zu haben. Sie dauerten üblicherweise höchstens ein Jahr, dann zog er zur nächsten. Zwischen zwei Beziehungen masturbierte er, um Spannung loszuwerden. Trotz seiner Berühmtheit, seiner hervorragenden sportlichen Leistungen und der ständigen Verfügbarkeit von neuen attraktiven Frauen, empfand er sein Leben als leer. Vor Jahren begann er in Einzel- und Gruppentherapie intensiv an sich selbst zu arbeiten. Doch an seinen Beziehungsmustern schien sich nicht viel zu verändern.

Dann konfrontierte ihn eine gute Freundin mit der Tatsache, dass er „sexsüchtig" sei, und dass sich nichts verändern würde, solange er nicht seiner Sexsucht ein Ende setzte, egal wie viel Therapie er machte und wie tief er in seinen Kindheitswunden wühlte. In diesem Moment legte sich bei ihm ein Schalter um. Er wusste, dass sie die Wahrheit sprach. Er wusste, dass sein „sexuell befreit sein" einfach eine Maske für eine aus der Kontrolle geratene Sucht war. Er trat den Anonymen Sex- und Liebessüchtigen bei und begann ein Zwölfschritte Programm.

Zu der Zeit, als er uns dies erzählte, arbeitete er gerade am vierten Schritt, eine moralische Bestandsaufnahme aufzuschreiben. Er hatte aufgehört zu masturbieren; er verführte keine Frauen mehr und mit denen, die er traf, hatte er keinen Sex. Er meinte zu uns, dass er nur eine neue Beziehung mit einer Frau anfangen würde, wenn er die Möglichkeit für eine längere Beziehung sehen könnte, und dass er drei Monate warten würde, bevor er Sex mit ihr haben werde.

Er sagte zu uns: „Wisst ihr, vor zehn Jahren habe ich mit euch beiden ein Seminar gemacht und zu der Zeit hatten weder ich noch ihr eine Ahnung, dass ich sexsüchtig war."

„Ehrlich gesagt", meinten wir, „damals wussten wir nicht Mal, was Sexsucht ist."

„Etwas in eurer Herangehensweise hat gefehlt", fügte er hinzu, ihr konntet uns unsere Wunden zeigen und uns lehren, sie zu fühlen, zu verstehen und anzunehmen, aber das Thema Sucht habt ihr nie wirklich angesprochen. Ich bin mittlerweile davon überzeugt, dass mit den Wunden umzugehen, sogar sie zu fühlen, nicht genug ist. Ich musste aufhören, aus meiner Sucht heraus zu agieren. Als ich das konnte, fing ich an, meine Angst zu spüren, meine Bedürftigkeit und meine tief verborgene Einsamkeit – Abgründe, von denen ich keine Ahnung hatte, dass sie in mir existierten."

Die Gespräche mit ihm haben uns geholfen, unseren Ansatz zu verändern. Jetzt benennen wir das Verhalten, wenn wir mit den darunter liegenden Wurzeln der Sucht, egal welcher, arbeiten. Was wir über Sexsucht gelernt haben – aus Gesprächen mit ihm und unserem eigenen Forschen und Erleben – hat uns die Augen geöffnet. Das Phänomen kommt viel häufiger vor, als wir gedacht hätten.

Befreiung oder Sucht?

Ein Paar kam zu uns, weil der Mann mit anderen Frauen Sex haben wollte und seiner Frau gesagt hatte, dass er schon vor ein paar Wochen mit einer anderen Frau geschlafen hatte. Die beiden waren erst seit wenigen Monaten zusammen, und obwohl er die Beziehung genoss, war er davon überzeugt, dass es für sein Wachstum und seine Freiheit wichtig war, mehrere Partnerinnen zu haben. Die Frau fühlte sich davon zutiefst bedroht und meinte, dass sie keine Chance sähe, die Beziehung weiterzuführen, wenn er seine Einstellung nicht ändere.

Um die Situation ganz verstehen zu können, mussten wir von ihm wissen, ob er Interesse an einer tiefen intimen Beziehung hatte oder ob es für ihn wichtiger war, sich sexuell mit verschiedenen Partnerinnen auszuprobieren. Wir wollten herausfinden, ob er in der Vergangenheit seinen Sex unterdrückt und ihn nicht gelebt hatte und deswegen sexuell experimentieren wollte und sollte. Oder ob es für ihn dran war, sich auf eine tiefer gehende Partnerschaft einzulassen. Oder ob er dieses Verhalten an den Tag legte, um der Intimität aus dem Weg zu gehen?

Das ist übrigens eine Frage, die wir uns alle stellen sollten, wenn wir in einer ähnlichen Situation sind.

Der Mann in diesem Beispiel kam aus einer Familie mit einer starken, dominanten Mutter. Er gestand, dass es ihm schreckliche Angst machte, sich zu verlieren und von der Frau verschlungen zu werden, wenn er zuviel Nähe zuließ. Und dass er dann das Gefühl hatte, er müsse irgendeinen Weg finden, sein „Mannsein" zu schützen; üblicherweise, indem er andere Sexpartnerinnen suchte. Er konnte nicht sehen, dass er den Sex dazu benutzte, seine Angst nicht zu fühlen. Er war überzeugt, dass er so frei war und deswegen mehrere Sexpartnerinnen habe, und dass eine „offene Beziehung" zu leben eine fortschrittliche

Lebensform sei. Die Frau blieb bei ihrem Standpunkt, dass sie es nicht dulden wollte, in einer Beziehung mit dieser Vereinbarung zu bleiben.

Am Ende der Sitzung waren die Dinge nicht gelöst. Er war nicht davon überzeugt, dass es für ihn richtig wäre, keine anderen Frauen mehr zu treffen. Er fand es spießig, sich auf eine Person festzulegen und einen Kompromiss dazu. Irgendwann trennten sie sich, weil die Frau erkannte, dass diese Beziehung nur ihre Schamgefühle verstärkte. Sie erkannte, dass sie es verdiente mit einen Mann zu sein, dem sie genügte. Und sie verstand auch, dass ihr „Ex" sexsüchtig war. Manchmal kann die Sehnsucht nach sexueller Freiheit auch eine sublime Form der nicht akzeptierten Sexsucht sein.

Sex wird zur Sucht, wenn wir ihn dazu benutzen, unsere Ängste und Unsicherheiten nicht fühlen zu müssen. Tiefe Angst, Scham und Schock sind eine Schicht unseres Seins, die wir erforschen müssen, wenn wir uns wirklich kennen und annehmen wollen. Oft ist es die Sehnsucht nach mehr Intimität, die uns hilft, die Sexsucht zu überwinden.

„Objektiver" oder „subjektiver" Sex

Eine Klientin beschwerte sich, dass ihr Mann heimlich Pornos im Internet anschaute, was in ihr sehr viel Scham auslöste. Es bewirkte auch, dass sie sich von ihm sexuell distanzierte. Als sie ihn darauf ansprach, war er von Schuldgefühlen überwältigt und versprach, aufzuhören. Zu ihrem Entsetzen hörte er aber nicht damit auf, sondern surfte weiter, wenn sie nicht zu Hause war.

Als wir mit ihm an diesem Thema arbeiteten, konnte er nicht sagen, was es war, das ihn daran so anzog, er gestand jedoch, dass es für ihn eine Möglichkeit war, sich ohne Angst zu stimulieren. Angst, die normalerweise auftauchte, wenn er mit seiner – oder irgendeiner – Frau intim wurde. Er war durch das übergriffige Verhalten seiner Mutter sexuell traumatisiert, und sich sexuell zu öffnen, war schon immer bedrohlich für ihn.

Pornografie erfreut sich einer hohen Attraktivität. Wenn das Thema in unseren Workshops auftaucht, fragen wir immer, wer alles Pornos schaut. Dann heben die meisten Männer die Hand und auch so manche Frauen. Pornos zu schauen kann ein Zeichen dafür sein, dass wir von klein auf nie einen gesunden Zugang zu Sex gelernt haben und wir keine Möglichkeit hatten, unsere Sexualität zu erforschen. Jetzt hungern wir nach solchen Erfahrungen. Manche, auch Paare, benutzen Pornografie, um ihrer Sexualität Schwung zu verleihen und sich zu stimulieren, da sie innere Blockaden entwickelt oder sich im Stress des Alltags verloren haben. Aber Sex auf dieser Ebene verstärkt eher die Fantasie, statt beim Sex innerlich anwesend zu sein. Wenn man Pornofilme schaut, um sich sexuell zu erregen, kann das schnell zu einer Sucht werden, die uns vor einem tieferen Kontakt mit unserem Partner und uns selbst abhält.

In einem anderen Fall erzählte ein Mann, dass er mit seiner Frau am meisten erregt wurde, wenn er sich vorstellte, von Frauen dominiert zu werden, während er Sex hatte. Die Erregung wurde jedoch weniger, wenn es beim Liebemachen mehr darum ging, miteinander verbunden zu sein. Seine Frau tolerierte dieses Verhalten, weil sie wusste, dass er die Lust daraus genoss, aber es störte sie auch, weil sie sich zum Objekt gemacht fühlte. Er war von seiner Mutter sexuell traumatisiert worden; sie hatte ihn als Kind in ihr Bett eingeladen und ihm erlaubt, sich an ihr zu reiben.

Pornografie, sexuelle Fantasien oder häufig wechselnde Sexualpartner können ein Zeichen von Sexsucht sein. Man muss sich nicht mit den komplexen emotionalen Themen auseinandersetzen, die hochkommen, wenn wir mit jemandem intimer werden. Man kann dadurch stimuliert und erregt werden, ohne die Unsicherheiten fühlen zu müssen, die automatisch auftauchen, wenn wir jemandem näher kommen. Es kann wichtig sein, „objektiven Sex" zu haben, sei es, um die sexuelle Energie zu wecken, zu erforschen oder um alte Hemmungen zu überwinden.

> **Unkomplizierter Sex ist auf der einen Seite sehr erfüllend, weil er nicht durch Ängste und Unsicherheiten gestört wird. Man funktioniert besser und kann mehr Lust und Erregung empfinden, statt intimer mit jemandem zu werden, und so die eigenen Unsicherheiten zu berühren.**

Aber „objektiver Sex" hat nicht nur nichts mit Intimität zu tun, er kann die Nähe, das Vertrauen und die Verbindung, die wir mit jemandem haben, beschädigen. Es ist vielleicht aufregend, Fantasien, Pornografie oder Sexspiele zu benützen, aber es kostet seinen Preis. Wir errichten eine Mauer zwischen uns und der anderen Person und gehen gegen den natürlichen Fluss des Lebens. Wenn wir versuchen, Sex objektiv zu halten, dann verbergen wir unsere eigene Tiefe vor unserem Partner und möglicherweise auch vor uns selbst.

Wenn wir aber beim Liebemachen in ständiger Verbindung miteinander bleiben, wird der Sex subjektiv. Die Belohnung beim subjektiven Sex ist, dass er unendlich nährend ist; es kann aber passieren, dass wir auf dem Weg dahin unangenehmen

Gefühlen begegnen, die wir bisher vermieden haben. Es ist ein Initiationsritus, der auf dem großen Vertrauen aufbaut, sich wirklich füreinander zu öffnen.

> Intimität bedeutet, unserer Verletzlichkeit und unseren Ängsten zu erlauben sich zu zeigen. Wenn wir in dieser Phase abhauen, um mit jemand anderem Sex zu haben oder wir in Fantasien oder Pornografie abtauchen, heißt das, vor der eigenen Verletzlichkeit davonzulaufen. Und das nennt man Sexsucht.

Die hohe Energie und die Erregung, die am Anfang da waren, werden nach und nach durch Ängste abgelöst, die der Körper auf unterschiedliche Weise zeigt. Das ist unangenehm – vor allem, wenn wir keine Ahnung haben, was passiert und warum. Wenn das anfängt, bekommen wir Lust, mit einem Fremden ins Bett zu gehen, um die Hitze und Aufregung wieder spüren zu können. Oder die Ängste unseres Partners frustrieren uns und wir möchten lieber mit jemandem Sex haben, dessen Sexualität nicht „so kompliziert" ist.

Anne war verheiratet und hatte zwei Kinder, begann aber, Affären zu haben. Sie verteidigte dieses Verhalten, weil sie sich in ihrer Beziehung mit ihrem Ehemann zu eingesperrt fühlte und sie sich wieder frei und lebendig fühlen wollte. Der Sex war nicht mehr wie früher, und sie vermisste „guten Sex". Schließlich hatte ihr Mann genug und sie ließen sich scheiden. Dennoch fühlte sie sich immer noch zu ihm hingezogen und fuhr mit ihm auch in Urlaub. Sie hatten keinen Sex, aber sie bemerkte, dass sie anfing, ihn wieder attraktiv zu finden. Sie hatte andere Liebhaber, aber aus irgendeinem Grund kehrte sie immer wieder zu ihrem Ex-Mann zurück.

Es brauchte einige Workshops, bis sie herausfand, was darunter lag. Anne hatte keine Probleme mit unterdrückter Sexualität. Sie war seit dem frühen Teenageralter sexuell aktiv und bezeichnete sich als wild und abenteuerlich, wenn es um Sex ging. Aber wenn sie mit einem Mann intimer wurde, spürte sie eine tiefe Angst, sodass ihr Körper einfror und ihr sexuelles Verlangen nachließ. Nach einigem Forschen kam sie mit Empfindungen und sogar Erinnerungen an einen sexuellen Missbrauch in Kontakt. Sie erkannte, dass sie schreckliche Angst hatte, ihren Körper ganz für einen Mann zu öffnen und verletzlich zu werden. Nun konnte sie sehen, dass ihre Affären ein Weg gewesen waren, diesen Schrecken nicht zu fühlen.

Erregung oder Sucht

Wir möchten betonen, dass neben der Tatsache, dass es wichtig ist, unsere unterdrückte Sexualität zu erwecken, es auch wichtig ist, zu verstehen, dass Sex und Liebe nicht dasselbe sind. Wenn wir aufhören, unsere Sexualität zu unterdrücken oder jemandem begegnen, der sie auf eine nie zuvor erlebte Art erweckt, dann ist das wie eine Droge. Eine wundervolle Droge, die oft mit Liebe verwechselt wird. Dieses Missverständnis kann viel Verwirrung stiften, denn wenn zwei Menschen eine kraftvolle und nährende sexuelle Verbindung eingehen, öffnet das einen Energiefluss, den sie vielleicht unterdrückt haben und sie meinen, sie seien verliebt.

Es mag sein, dass sich das Herz öffnet und wir uns ganz weit fühlen. Aber das hat nichts mit Liebe zu tun. Liebe ist ein herausfordernder Prozess, in dem wir lernen, empfindsam, liebe- und respektvoll mit uns selbst und unserem Partner zu sein. Sie verlangt Bewusstsein und Selbstliebe, kombiniert mit dem

Verstehen, dass wir, um mit einem anderen Menschen in Harmonie leben zu können, tiefgreifendes Vertrauen und Respekt für uns selbst und füreinander entwickeln müssen.

Ein Paar in einem unserer Kurse erzählte uns, dass sie sehr viel stritten und keinen Sex mehr hatten. Als wir ihnen Fragen über ihre Beziehung stellten, kam heraus, dass sie zusammengekommen waren, weil der Sex „so großartig" war. Der Mann erzählte, dass er sich sehr einsam gefühlt hatte, als er seine Frau kennenlernte, und dass die sexuelle Anziehung sehr stark war. Es war mit ihr der beste Sex, den er je gehabt hatte, und er konnte nicht genug davon bekommen. Er wollte die ganze Zeit Liebe machen und ein Kind mit ihr haben, was auch geschah. Dann veränderte sich alles. Sie fand, dass er sich nicht genug um das Kind kümmerte und er wurde nachtragend, immer fordernder und war nicht mehr so einfühlsam beim Sex. Die Anziehung verschwand, sie zogen in getrennte Schlafzimmer und stritten. Sie hatten versucht, die Beziehung allein auf Sex aufzubauen und es ging schief.

Es ist möglich, Intimität zu entwickeln, wenn am Anfang nur die sexuelle Attraktion uns zusammenbrachte, aber wir müssen bereit sein, uns durch viele gute und schlechte Zeiten hindurchzuarbeiten. Es ist natürlich, dass sich Feindseligkeiten, Enttäuschungen und Vorwürfe in den meisten längeren Beziehungen aufbauen. Um diese schwierigen Zeiten gemeinsam durchstehen zu können, brauchen wir Werkzeuge.

Ich (Krish) hatte mehrere Beziehungen in meinem Leben, bei denen ich eine starke sexuelle Anziehung mit Liebe verwechselte. Vor einigen Jahren begegnete ich einer Frau, die mit einem anderen Mann zusammen war. Wir trafen uns heimlich, um Liebe zu machen. Bis zu diesem Zeitpunkt hatte ich noch nie mit jemandem so erfüllenden Sex gehabt wie mit ihr. Ich war überzeugt, dass ich total verliebt war, und dass das, was zwischen uns lief, viel mehr war als nur Sex. Nach einer Nacht mit ihr verzehrte ich mich nach der nächsten und litt bis dahin. Sie sagte von Anfang an, dass wir nicht dafür bestimmt waren, in einer Beziehung miteinander zu sein, obwohl wir ganz offensichtlich etwas Wunderschönes und Besonderes miteinander teilten. Ich konnte das nicht glauben, erst sehr viel später. Letztendlich störte unsere Affäre ihre Beziehung zu sehr und sie machte Schluss.

Wie schon in der Einführung erwähnt, nahmen Amana und ich (Krish) am Beginn unserer Beziehung vor vielen Jahren an einem Tantrakurs teil, in dem das Liebemachen ohne Erregung und Orgasmus gelehrt wurde. Im Laufe dieses Seminars wurde mir bewusst, wie süchtig ich nach Erregung war, und dass das sehr stark mit der Erwartung zusammenhing, dass ich (und meine Partnerin ebenfalls) einen Orgasmus haben müsse. Zu lernen, Liebe zu machen, ohne zu kommen, veränderte enorm mein Bewusstsein. Ich stellte fest, dass ich präsenter für das war, was in meinem Körper passierte, für Amana und für unsere innere Verbindung, wenn mein Fokus nicht mehr auf Orgasmus ausgerichtet war. Und die Qualität des Liebemachens veränderte sich. Es wurde länger, langsamer und ruhiger. Heute machen wir meistens auf diese Art Liebe. Manchmal schlafen wir aber auch miteinander und sind dabei erregt und haben einen Orgasmus, den wir genießen. Aber bevor ich diese andere Form des Liebemachens kannte, hätte ich mir nie vorstellen können, dass Sex ohne Erregung und Orgasmus erfüllend sein kann.

> Weil die sexuelle Energie so stark und unwiderstehlich ist, kann sie zu einem Zwang werden. Diese Sucht nach Erregung bringt uns automatisch dazu, Leistung im Bett zu bringen und maximalen Lustgewinn aus dem Sex zu ziehen. Die gängige Vorstellung von „gutem Sex"

heißt: einen Orgasmus zu haben, sicherzustellen, dass auch der Partner oder die Partnerin einen hat und möglichst noch, dass beide gleichzeitig kommen. Das kreiert unglaublichen Druck und kann dazu führen, dass wir kompensieren.

Wenn das passiert, sind wir nicht mehr offen für das, was im Moment geschieht, weil wir einen Plan im Kopf haben, was geschehen „sollte". Bei einer solchen Einstellung stört alles, was die sexuelle Erfüllung und den Genuss unterbricht. Dann vermeiden wir, unsere Verletzlichkeit zu zeigen, denn sie könnte das Feuer dämpfen oder sogar löschen. Zwanghafter heißer Sex, ständige Erregung und Lust, können nicht nur Stress kreieren, sondern wirkliche Intimität verhindern.

Ariel ist ein attraktiver, sehr lebendiger, junger Mann, dessen Hauptbeschäftigung während der ersten Jahre, die er mit uns arbeitete, war, Frauen zu suchen, mit denen er schlafen konnte. Er fühlte sich sexuell erfahren und beschwerte sich, dass er Mühe hatte, Frauen zu finden, die voll orgasmusfähig und lebendig genug waren. Er war oft enttäuscht, nicht nur, weil die Frauen nicht seinen Erwartungen entsprachen, sondern auch, weil sie ihn nach ein paar Treffen ablehnten und er konnte nicht verstehen, warum.

Er beklagte sich: „Die Frauen sind so unterdrückt im Sex, sie können Sex nicht einfach um seiner selbst willen genießen. Sie haben Angst vor der Energie und stecken fest in dieser Idee von Verbindlichkeit. Meiner Meinung nach ist das einfach ein Weg, Leben zu vermeiden und sich in allem absichern zu wollen. Im Leben geht's nicht um Sicherheit, es geht um Energie und Lebendigkeit, es ist nicht vorhersehbar. Wenn ihr mich fragt, wollen sie unterschwellig die Männer einfach kontrollieren."

Als wir ihm nahe legten, dass sein Umgang mit Sex Suchtstrukturen hatte und seine Art, Frauen zu behandeln, missbräuchlich war, war er zunächst außer sich. Er konnte nicht sehen, was seine Vitalität mit Sucht zu tun hatte oder wie es missbräuchlich sein konnte, heißen, unverbindlichen Sex haben zu wollen. Aber er hatte auch eine aufrichtige Bereitschaft zu wachsen, und so begann er mit der Zeit zu realisieren, dass es irgendetwas in ihm geben musste, das diese Reaktion bei Frauen auslöste. Er sah, dass er mit den Frauen beim Sex nicht in Verbindung war.

Langsam begann er, seine tiefe Unsicherheit zu fühlen und die Angst, sollte er sich in seiner Verwundbarkeit zeigen, abgelehnt, kontrolliert oder beschämt zu werden. Als er sich dessen bewusst wurde, wollte er raus aus dem Automatismus. Er hatte die Kraft, aufzuhören, Frauen zu verführen. Da er noch keinen anderen Weg kannte, sich Frauen zu nähern, hatte er vorerst keinen Sex mehr. Diese Abstinenz fühlte sich für ihn an wie Entzug. Er war an regelmäßigen Sex gewöhnt und ohne diese kontinuierliche Form der Entladung bekam er heftige Angstzustände. Eine Zeitlang masturbierte er, um die Spannung loszuwerden, aber dann hörte er auch damit auf.

Durch das Verständnis, das er aus der Arbeit an sich selbst gewann, konnte er mit seinen Angstzuständen umgehen und kanalisierte seine überschüssige Energie in seine Kreativität. Er eröffnete eine Firma und innerhalb von zwei Jahren war er auf einem guten Weg zu finanziellem Erfolg. Als er dann wieder Sex hatte, war es ein Schock für ihn zu realisieren, wie sehr er Frauen in der Vergangenheit benutzt hatte, um sein Bedürfnis nach Entladung zu befriedigen.

„Ich bin lieber allein", erzählte er uns, „als von dieser Energie getrieben. Ich muss nicht mehr Sklave meiner Sucht nach Sex sein. Es ist nicht leicht, und manchmal weiß ich nicht, was tun mit der Spannung in mir drin, aber es ist es wert. Ich kann jetzt auch sehen, warum die Frauen sich von mir zurückgezogen haben. Mein Umgang mit ihnen war manipulativ."

Durch seinen Mut und seine Bereitschaft, durch diesen Heilungsprozess zu gehen, wurde er ein anderer Mensch – reifer, vertrauenswürdiger und respektvoller.

Sexuelles Ausagieren

Sexsucht kann sich auf vielen Ebenen zeigen, und sehr subtil sein. Eine ihrer versteckten Formen ist das, was wir „sexuelles Ausagieren" nennen. Sexuelle Verführungsspiele sind meist ein Deckmantel dafür, dass wir unsere Ängste, Unsicherheiten und unsere Hilflosigkeit nicht fühlen wollen.

Susanna ist eine attraktive, lebendige, sexy Brasilianerin. Die Kleider, die sie trägt, sind in Brasilien zwar nicht besonders provozierend, aber überall sonst. Es kam ihr nie in den Sinn, dass an ihrer Art sich zu kleiden, irgendetwas ungewöhnlich war, obwohl ganz offensichtlich ihre Umgebung darauf reagierte. Als sie anfing, an sich selbst zu arbeiten und ihre Wunden wahrnahm und wie sie diese kompensierte, konnte sie sehen, dass ihr Kleidungsstil nicht ganz unschuldig war. Sie benützte ihn, um Macht zu spüren und ihre Unsicherheiten zu verstecken. Was sie für natürliche, spontane Lebendigkeit und einfaches „sich in ihrer Kraft und Schönheit sehen lassen" hielt, war auch eine Verkleidung für Angst und Scham. Im Innersten fühlte sie, dass sie ohne ihre Schönheit und sexuelle Ausstrahlung nichts war.

Sexuelles Ausagieren kommt oft vor, wenn jemand sexuellen Missbrauch erfahren hat. Aus unserer Erfahrung wissen wir, dass, wenn jemand Sex benutzt, um Aufmerksamkeit zu bekommen, oftmals eine Geschichte sexuellen Missbrauchs im Hintergrund liegt.

Was vielleicht sexy und verführerisch aussieht, ist in Wahrheit ein Deckmantel für den tiefen inneren Schmerz.

Beatrice kam mit ihrem Freund zu einem Workshop. Sie war sehr aufreizend gekleidet und flirtete vom ersten Moment an mit vielen Männern. Wir bemerkten dies und hatten den Verdacht, dass sie einen sexuellen Missbrauch in der Vergangenheit überdeckte. Am dritten Tag, bei einer Struktur, in der wir die Teilnehmer einladen, eine Skulptur ihres traumatisierten inneren Kindes zu formen, indem sie jemanden aus der Gruppe als Modell benutzten, erzählte sie der Gruppe davon.

Ein Paar, mit dem wir vor Jahren arbeiteten, erzählte uns, dass sie sich gerne beim Sex fesselten. Sie wechselten sich darin ab, den anderen zu fesseln und schliefen so miteinander. Zu jenem Zeitpunkt waren die beiden vollkommen überzeugt, dass dies eine völlig akzeptable Art war, Sex zu haben. Es war abenteuerlich und aufregend und sie hatten nicht die Absicht, damit aufzuhören, oder sogar in Betracht zu ziehen, dass es eine Kompensation für etwas sein könnte. Später entdeckte die Frau, dass sie in ihrer Vergangenheit einen schweren sexuellen Übergriff überlebt hatte. Nachdem sie diese Wunde aufgedeckt und damit gearbeitet hatte, konnte sie auf diese Art keinen Sex mehr haben.

Wenn wir sexuell oder körperlich missbraucht wurden, können wir dieses Trauma leicht im Sex ausagieren – entweder als Opfer oder als Täter. Wenn wir ein sexuelles Trauma erlebt haben, sind wir oft aufgrund unserer Angst während des Liebesspiels von unserem Körper getrennt. Wir tendieren dann vielleicht zu sexuellem Ausagieren, Sexspielen und Sexspielzeugen, oder zu hartem und schmerzhaftem Sex, einfach um irgendetwas zu spüren.

Es gibt keine Formel, wann Sex einfaches Erforschen oder ob er zur Sucht geworden ist. Sexuelles Erforschen kann für jemanden, der seine oder ihre Sexualität ein Leben lang unterdrückt hat, das Richtige sein, um sich von dieser lebensverneinenden Konditionierung zu befreien. Wenn wir aber kontinuierlich Sex nutzen, um Nähe zu vermeiden oder unsere Angst und Schamgefühle zu umgehen, dann ist das etwas anderes. Dann ist er zu einer Sucht geworden, die uns davon abhalten kann, uns selbst zu begegnen oder mit einer anderen Person intim zu werden.

4. Kapitel

Warum fühle ich nichts?

Wie Schock sich auf unsere Sexualität auswirkt

WIR WERDEN NUN GENAUER BETRACHTEN, WAS BEIM SEX AUF Ebene II geschieht. Unserer Erfahrung nach kommen in den meisten längeren Beziehungen Themen hoch, die Störungen in der Sexualität kreieren. Das kann bei beiden Partnern passieren, aber meist bekommt eine Person zuerst Schwierigkeiten. Wir haben herausgefunden, dass sich diese Probleme auf drei Arten zeigen.

Erstens durch Angst. Sie kann sich als körperliche Funktionsstörung zeigen, als Abwesenheit beim Liebemachen oder als Abneigung gegen Sex.

Zweitens durch Scham. Scham kann uns dazu bringen, beim Liebemachen Kompromisse einzugehen oder zu kompensieren. Sie kann auch dazu führen, dass wir uns zurückziehen, isolieren und deprimiert werden oder resignieren.

Drittens durch wachsendes Misstrauen gegenüber unserem Partner. Dieses Misstrauen kann aufkommen, wenn wir uns vom Partner mit unseren Bedürfnissen und unserer Empfindsamkeit nicht gesehen oder uns energetisch nicht begegnet fühlen.

In diesem Kapitel werden wir anschauen, wie Angst, Schock und Funktionsstörungen sich auf unseren Sex auswirken.

Eine Frau in einem unserer Jahrestrainings erzählte, dass es zu Beginn ein Hochgenuss war, auf langsamere Art Liebe zu machen. Sie fühlte eine viel tiefere Herzensverbindung mit ihrem Freund und die beiden konnten lang andauernden Sex miteinander haben. Doch als es immer tiefer ging, erreichte sie einen Punkt, an dem sie taub wurde. „Ich fühlte nichts mehr", sagte sie, „und das frustrierte mich und so wollte ich zur alten Art des Sex zurück, wo ich wenigstens etwas spüren konnte. Jetzt, wo ich etwas mehr über Schock weiß, kann ich mehr nachvollziehen, was dieses Gefühl der Taubheit ist, und dass an mir nichts falsch ist."

Schock und sexuelle Funktionsstörungen sind versteckte Symptome für Angst.

Wenn wir tiefere Schichten unseres Seins öffnen, wird sich unsere Sexualität an diese Veränderung anpassen müssen. Es ist natürlich und absehbar, dass wir verletzlicher werden, wenn Vertrautheit, Sicherheit und Vertrauen wachsen, besonders beim Sex. Diese Veränderung muss nicht für beide Partner auf dieselbe Art oder zur selben Zeit geschehen.

Mit der Veränderung gehen unbewusste Ängste einher. Sie zeigen sich als Panik, Nervosität, Aufgebrachtsein, Zittern, Schwitzen, Herzklopfen und Ruhelosigkeit und sind einfach zu identifizieren. Angst kann sich aber auch als eine Abwesenheit von Gefühlen oder als sexuelle Funktionsstörung manifestieren. Wir bemerken vielleicht, dass wir unseren Körper oder unsere Emotionen nicht fühlen oder dass irgendetwas nicht so funktioniert, wie wir es gerne hätten.

Sexuelle Funktionsstörungen gibt es sehr häufig und die meisten von uns möchten, dass sie wieder verschwinden. Das Problem ist, sie gehen nicht einfach weg. Jede Form von Druck, den wir uns machen, um etwas zu spüren oder den Körper dazu zu bringen nach unserem Willen zu funktionieren, macht sie nur schlimmer. Sexuelle Funktionsstörungen entstehen aus tiefem Schock; wenn Druck entsteht, verstärkt sich dieser Schock – und auch die Störung.

Eine Frau erzählte, dass sie eine Beziehung mit einem Arbeitskollegen eingegangen war. Die beiden waren lange Freunde gewesen bis sie schließlich erkannten, dass sie sich sehr voneinander angezogen fühlten. Sie zögerten jedoch, Sex zu haben, weil er verheiratet war und ein Kind hatte. Letztendlich entschieden sie sich aber, eine Nacht zusammen zu verbringen. Er sagte, dass er seine Frau nicht mehr liebe und dass die Beziehung mit ihr zu Ende sei. Dennoch, die Vorstellung, sie und das Kind zu betrügen, indem er Sex mit einer anderen Frau hatte, brachte unglaubliche Schuldgefühle in ihm hoch. Während sie Liebe machten, verlor er seine Erektion und schämte sich schrecklich dafür. Sie war liebevoll und bewusst genug, ihm klarzumachen, dass das eine ganz natürliche Reaktion auf seine Schuld und Angst darüber war, seine Familie zu betrügen.

Angst, Schock und sexuelle Funktionsstörungen sind eng miteinander verbunden. Schock ist eingefrorene Angst; die Funktionsstörungen sind ein Symptom für diese Angst, die im Körper und im Nervensystem festsitzt. Sie kann sich äußern in: Vorzeitigem Samenerguss, Unfähigkeit oder Schwierigkeit eine Erektion zu bekommen, Orgasmusschwierigkeiten, Schmerzen in den Hoden, Schmerzen oder Trockenheit in der Vagina, häufige Becken-, Harnleiter- oder Vaginalinfektionen.

Sexuelle Dysfunktionen können eine physische Komponente haben, aber meist sind sie Symptome von Schock, die Angst und/oder Schuld überdecken. Manchmal zeigen sich sexuelle Störungen erst, wenn wir eine gewisse Nähe mit jemandem haben. Manchmal sind sie bei jedem Liebemachen da, egal wie lange wir mit jemandem zusammen sind.

Bevor ich (Krish) mehr über Schock erfuhr, wusste ich nicht, dass er der Grund für den Kontrollverlust über meine Ejakulation war. Oder dass der Schock einer tief sitzenden Angst in mir entsprang. Im Laufe der Zeit habe ich den Ursprung dieser Angst erforscht, aber am meisten half mir, einfach zu akzeptieren, dass sexuelle Funktionsstörungen durch Schock verursacht werden und dass unter dem Schock Angst liegt.

> **Grundlegende Veränderungen passieren nicht etwa, weil wir wissen, woher unsere Angst oder der Schock kommen. Viel wichtiger ist es zu wissen, dass es Angst ist, und sie zu fühlen und zu akzeptieren, wenn sie hochkommt.**

Es ist hilfreich zu verstehen, was der Grund für eine körperliche Funktionsstörung ist. Wenn der Körper nicht tut, was wir wollen, kommt das daher, dass wir Angst haben – ganz einfach. Aber meistens sind wir nicht in Kontakt mit dieser Angst, weil sie tief in unserem Unterbewusstsein vergraben liegt.

Irgendein Auslöser ruft eine Körpererinnerung an etwas Schreckliches hervor, das uns in der Vergangenheit widerfahren ist. Zu der Zeit, als es geschah, hatten wir nicht die Ressourcen, um diese beängstigende Erfahrung zu verstehen, mit ihr umzugehen oder uns zu verteidigen. Wir vergraben die Erfahrung im Unbewussten. Aber der Stimulus löst die Angst aus, die im Nervensystem gespeichert ist. Jetzt verschließen wir uns als Antwort auf den Auslöser oder unser Körper kreiert irgendein Symptom, um die Angst zu unterdrücken. Dieses „Dichtmachen" oder Wegschieben ist die Funktionsstörung.

Was ist Schock?

Wenn wir in Schock sind, können wir uns oftmals weder bewegen, noch fühlen, noch sprechen, noch klar denken. Wir sind eingefroren, verwirrt und starr vor Angst (selbst wenn wir es nicht wissen). Unser Nervensystem ist so gebaut, dass es auf Bedrohung und Grenzüberschreitung entweder mit Konfrontation (der Bedrohung) oder Davonlaufen reagiert – Kampf oder Flucht. In der Vergangenheit, wenn wir (vielleicht unzählige Male) Grobheiten, Grenzüberschreitungen oder sogar Missbrauch erlebt haben, fehlte uns die Fähigkeit, zu handeln. Wir konnten in der Situation, die uns Angst machte, weder die Person konfrontieren noch vor ihr fliehen.

Die dritte Alternative – die einzige, die uns damals zur Verfügung stand – war, einzufrieren. Dieses Einfrieren bedeutet, unsere Lebensenergie abzustellen und uns nach innen zu verkriechen, wo wir uns sicher fühlen können. Manchmal ziehen wir uns so tief nach innen zurück, dass wir alle Energie und Aufmerksamkeit von der Außenwelt abtrennen, sogar bis hin zu dem Punkt, an dem wir uns von unserem Körper dissoziieren. Deswegen sind wir, wenn wir in Schock geraten, innerlich weggetreten, unansprechbar, reagieren nicht mehr und können die Dinge um uns herum nicht mehr klar hören, sehen oder verstehen.

Wie sich Schock in unserem Leben zeigt

Obwohl das Trauma, das dieses Einfrieren bewirkte, vielleicht vor langer Zeit passiert ist, trägt unser Nervensystem den Schock noch in sich. Wenn also heute etwas die Erinnerung an ein früheres Trauma – das häufig unbewusst ist – auslöst, gehen wir in Schock. In seiner unbewussten, verdeckten Form kann Schock sich zeigen als: Hauterkrankung, Asthma, Störungen des Nervensystems, Probleme im unteren Rücken und mit den Bandscheiben, Reizdarm oder Darmentzündung, als das Gefühl, ständig die Blase entleeren zu müssen oder als Verwirrung und Orientierungslosigkeit.

Wenn die Angst an die Oberfläche kommt, kann sie folgende Formen annehmen: Überwachsamkeit, Überaktivität, Phobien, Panikattacken, andauernde Bangigkeit, Reizbarkeit oder Wutausbrüche. Manchmal zeigt sich Schock als ein niedrigeres Niveau unserer Lebensenergie und vor allem unserer sexuellen Energie. Wenn wir in unserer Vergangenheit ein Trauma haben, das Lebendigkeit und Selbstausdruck einschränkte, dann vermeiden wir vielleicht nicht nur Sex, sondern reduzieren unsere Energie in allen Lebensbereichen. Jeder Ausdruck von Lebensenergie macht dann Angst.

Ulrike ist eine sensible, introvertierte Frau Anfang Vierzig. Sie spricht mit leiser, zurückhaltender Stimme und teilt sich selten in der offenen Gruppe mit. Wenn wir jedoch Tanzmusik auflegen, wird sie lebendig und erscheint wie eine völlig andere Person – voller Leben, sinnlich und expressiv. Sie erzählt, dass sie sich in ihrem Alltag nur lebendig und glücklich fühlt, wenn sie tanzt oder Gitarre spielt. Die meiste Zeit isoliert sie sich, ist in ihrer Wohnung, sieht fern und geht deprimiert und einsam ins Bett. Sie erinnert sich, dass sie in ihrer Kindheit nicht lebendig sein durfte, und bestraft wurde, wenn sie es war. Es hat ihr geholfen zu erkennen, dass sie dieses Trauma immer noch in sich trägt. Indem sie es immer wieder wagt, Menschen zu treffen, statt sich zurückzuziehen, kann die Erfahrung wachsen, dass man nicht bestraft wird, wenn man lebendig ist.

Gertrud ist eine junge, attraktive Frau Ende Zwanzig, die leise spricht und sehr verhalten wirkt. Meditation spielt in ihrem

Leben eine wichtige Rolle, sie hat viele Jahre in Meditations-
gemeinschaften gelebt und fliegt regelmäßig nach Indien, um an
Retreats teilzunehmen. Als wir sie besser kennenlernten, bekamen wir das Gefühl, dass sie ihre Sexualität verbarg und ihre
ruhige Art nicht nur ein Ausdruck ihrer Essenz, sondern auch
ein Schutz war. Während sie mit uns arbeitete, wurde ihre
Energie allmählich lebendig. Sie schwankte hin und her zwischen einer lebendigen, kraftvollen, sinnlichen Frau und einem
verängstigten kleinen Mädchen.

Als sie das genauer erforschte, began n sie zu sehen, dass das
Lebendigsein sie für die sexuelle Aufmerksamkeit der Männer
öffnete und das machte ihr zutiefst Angst, weil ihr Vater sich auf
subtile Art ihr gegenüber sexuell verhalten hatte. Indem sie
ruhig, zurückgezogen und still blieb, war sie sicher. Ihr Weg,
diese Wunde zu heilen, ist es nun, ihre Lebendigkeit zu erlauben
und zu lernen, „nein" zu Männern zu sagen, wenn sich etwas für
sie nicht richtig anfühlt.

Wie sich Schock in unserer Sexualität zeigt

Sexualität ist ein Bereich, in dem wir extrem verletzlich sind,
deswegen wird Schock im Sex leicht ausgelöst. Dieser Schock
muss nicht unbedingt von einem vergangenen sexuellen Trauma
herrühren. Er kann von jeglicher Art Trauma herrühren, das wir
von früher in unserem Körper halten. Wenn Schock beim Sex
hochkommt, kann er sich als Funktionsstörung, inneres
Weggehen, Kompensation beim Liebemachen, ein Abnehmen
der Energie oder des Interesses am Sex oder als ein Gefühl von
Eingefrorensein und/oder Taubheit zeigen. Wir gehen aus dem
Körper und machen Liebe, ohne anwesend zu sein. Wir bewegen uns, aber wir sind nicht wirklich da.

> Wenn wir im Schock sind, fühlen wir unseren Körper nicht und können daher nicht einschätzen, ob etwas für uns stimmig ist oder nicht. Dann ist es extrem schwierig, zu fühlen und zu sagen, was wir brauchen oder eine Grenze zu setzen.

Ich (Amana) erinnere mich an viele Begebenheiten als Teenager, als ich Sex hatte, der so nicht für mich stimmte. Ich erlaubte Männern, mich auf gewisse Weise zu berühren oder machte auf eine Art mit, die sich nicht richtig anfühlte, weil ich nicht präsent war und mir nicht bewusst war, wie ich es empfand. Im Schock kann es sein, dass wir uns so weit nach innen zurückziehen, dass jemand mit unserem Körper Sex haben kann, ja, ihn sogar misshandeln kann und wir nicht einmal fühlen, dass wir berührt werden. Die traumatischen Ereignisse, die in der Vergangenheit passiert sind, haben uns dazu gebracht, einen sicheren Platz in unserem Inneren zu finden. Aber wir haben vielleicht keine oder wenig Verbindung mit anderen Menschen und fühlen uns, als wäre unser Leben ein Film, dem wir einfach nur zusehen.

Marianne und Phillip hatten Probleme, weil sie jegliches Interesse am Sex verloren hatten. Zu Beginn wusste sie nicht warum, aber nachdem sie mit einem Therapeuten und später mit uns in mehreren Workshops gearbeitet hatte, wurde ihr klar, dass sie als Kind von ihrem Vater sexuell missbraucht worden war. Für Phillip war das eine verstörende und schwierige Situation. Er war ein Geschäftsmann, der keine Neigung hatte, Therapie zu machen oder mit Kindheitswunden zu arbeiten. Sein Leben funktionierte gut, er liebte seine Frau und seine Kinder und bis sich diese Situation mit Marianne entwickelt hatte, war alles perfekt. Als die beiden zu uns kamen, erzählte sie ihm zum ersten Mal die Geschichte ihres Missbrauchs. Bisher hatte sie zuviel Angst und

Scham gehabt, darüber zu sprechen, selbst mit ihm. Sie erwartete, dass er ihr nicht glauben würde, aber im Gegenteil, er weinte und sagte ihr, wie sehr er mit ihr fühlte und wie wütend er auf ihren Vater war. Aber dass sie keinen Sex hatten, machte ihm immer noch Probleme. Wir erklärten, dass ihre Aversion gegen Sex ein natürliches Resultat ihres Missbrauchs war.

„Ja", fragte er, „aber warum hat sich das nicht früher gezeigt? Warum jetzt?"

Wir antworteten: „Nach unserer Erfahrung passiert es oft so. Wenn wir jemandem näher kommen und das Vertrauen wächst, kommen tiefere Schichten vergangener Traumata an die Oberfläche. Und das geschieht am häufigsten in unserer Sexualität."

„Okay", sagte er, „aber was machen wir damit? Ich kann nicht damit leben, niemals wieder Sex zu haben."

Wir fragten Marianne, ob sie sich irgendeine Art vorstellen konnte, wie sie Phillip körperlich nahe sein könnte, die nicht zu überwältigend für sie wäre?

„Ich denke, wir könnten einander halten, aber im Moment kann ich keinen Sex haben."

„Wie ist das für dich, Phillip?", fragten wir.

„Eine Zeit lang kann ich damit leben, wenn es nicht für immer ist."

Wir blieben mit den beiden über drei Jahre in regelmäßigem Kontakt. Sie kam und nahm an unserem Jahrestraining teil und sah auch während dieser Zeit regelmäßig ihren Therapeuten. Als wir die beiden zuletzt trafen, ging es ihnen gut. Er hatte gelernt, ihre Angst und den Schock in ihrem Körper anzunehmen und ihr war es langsam möglich, ihn öfter sexuell zu empfangen.

Es war ein Prozess, der viel Feingefühl brauchte und nicht immer leicht war, aber für uns ist ihre Geschichte ein Beispiel dafür, dass Liebe, wenn sie stark genug ist, diese Schwierigkeit überwinden kann.

Auslöser für Schock

Schock wird durch alles ausgelöst, was uns bedrohlich erscheint. Oft ist der Auslöser keine reale Bedrohung, jedoch reicht er aus, dass unsere Körper reagieren und in Schock gehen. Ein Blick von jemandem oder die Erwartung, dass etwas passieren könnte, kann manchmal schon genug sein. Schock kann vor allem beim Liebemachen auftauchen, wenn wir das Gefühl bekommen, dass er oder sie nicht anwesend ist oder wir uns vor dem Zorn des anderen fürchten. Schock kann auch einsetzen, wenn wir irgendeine Art von Druck spüren, selbst wenn er unausgesprochen ist. Er kann kommen, wenn wir etwas leisten müssen, wenn wir uns auf die Probe gestellt fühlen, wenn wir in einer neuen Situation sind, wenn wir etwas Neues ausprobieren oder wann immer wir fühlen, dass die andere Person unsensibel mit uns umgeht. Je empfindsamer und verletzlicher wir uns fühlen, umso leichter können wir in Schock gehen.

Anita und Paul kamen zu uns wegen ihrer Probleme beim Sex. Sie waren seit fünf Jahren zusammen und ihre Schwierigkeiten hatten vor einem Jahr begonnen. Paul erzählte: „Ich habe ein Problem damit, dass Anita sich, wenn wir Liebe machen, oft plötzlich zurückzieht. Manchmal machen wir weiter, aber dann habe ich das Gefühl, mit jemandem zu schlafen, der gar nicht mehr da ist. Und manchmal hört Anita einfach auf und sagt mir, dass sie nicht weitermachen kann. Aber sie sagt nie, warum sie sich zurückzieht."

Als wir Anita fragten, wie es für sie war, antwortete sie: „Ich weiß, dass es schwer für ihn ist, aber ich kann nicht anders. Wenn wir anfangen miteinander zu schlafen, bin ich erregt und möchte mit Paul Liebe machen und ihm nahe sein. Aber manchmal übernimmt etwas in mir die Regie und ich weiß nicht einmal, was passiert. Es ist, als könnte ich dann plötzlich einfach nicht mehr da sein. Ich möchte nur noch alleine sein und kann es nicht ertragen, dass Paul so nahe ist. Manchmal mache ich weiter und habe Sex mit ihm, weil ich mich so schuldig fühle und ihn nicht verletzen möchte. Ich weiß, es ist nicht fair, aber was soll ich machen?"

„Tut er etwas, das dir Angst macht?", fragten wir.

„Ehrlich gesagt", meinte sie, „ich habe absolut keine Ahnung. Ich weiß nicht einmal, ob ich Angst habe. Ich möchte einfach nicht mehr da sein."

„Ist das für dich mit anderen Männern in der Vergangenheit auch vorgekommen?"

„Nein, das ist das erste Mal, dass etwas in dieser Art passiert. Aber ich habe noch nie jemanden so geliebt wie Paul."

Wenn wir das Gefühl haben oder projizieren, dass jemand im Sex unsensibel und nicht anwesend ist, sich zu schnell bewegt, zu fordernd, aggressiv oder auf irgendeine andere Weise nicht einfühlsam ist, kann uns das leicht in Schock versetzen und Funktionsstörungen oder andere Traumasymptome auslösen. Wenn wir beim Sex das Gefühl bekommen, verlassen zu sein oder die Angst spüren, verlassen zu werden, kann das Schock auslösen.

Die meisten von uns reagieren sehr empfindlich auf Zurückweisung, besonders beim Sex. Das Gefühl, dass jemand nicht anwesend ist, nicht mit uns sein oder mit uns Sex haben möchte, kann traumatisch sein, weil es unsere Angst vor Zurückweisung auslöst. Ein weiterer Auslöser für Schock beim Sex kann sein, wenn wir uns beurteilt oder kritisiert fühlen, oder schon wenn wir Urteile oder Kritik erwarten.

Oft wissen wir jedoch nicht, was den Schock hervorgerufen hat und sind uns vielleicht nicht einmal bewusst, dass wir unter Schock stehen. Erstens kann er so schnell und unerwartet einsetzen, dass er uns total überrascht. Und zweitens haben wir, wenn wir das Phänomen Schock nicht kennen und nichts über das darunter liegende Trauma wissen, keine Ahnung, wie wir damit umgehen sollen. Bis wir das verstehen, kann es sich wie eine schreckliche Strafe anfühlen, wenn wir uns unfähig fühlen, normal zu funktionieren oder wir uns wie eingefroren, abgetrennt fühlen oder Angst haben, während wir Liebe machen.

> **Wenn sich Schock und Dysfunktion in der Sexualität zeigen, können wir den unschuldigen und unkomplizierten Sex von Ebene I nicht mehr genießen. Wenn unsere Verletzlichkeit sich öffnet und unsere Ängste und Unsicherheiten auftauchen, befinden wir uns auf Ebene II**

Wenn es uns nur darum geht, heißen, leidenschaftlichen Sex zu haben, kämpfen wir gegen uns selbst und unseren Körper, weil unsere Verletzlichkeit und die Art, wie wir Liebe machen wollen, sich im Widerstreit befinden. Lassen wir die Ängste zu, auch ohne zu wissen, warum sie da sind oder woher sie kommen, dann können sie zum Tor für eine tiefere Liebe werden – zu uns selbst und zu unserem Partner.

5. Kapitel

Ich verdiene nichts Besseres

Wie Sex unsere Scham an die Oberfläche bringt

ANGELA TRAF EINEN MANN AUF EINER PARTY UND BEGANN, MIT IHM auszugehen. Als sie anfingen, miteinander zu schlafen, bat sie ihn, ein Kondom zu benützen. Er tat es widerstrebend, und als er das Kondom überzog, riss es. Er wollte kein Neues nehmen und meinte, dass er nicht so viel empfinden würde, wenn er ein Kondom trage. Sie machte mit, fühlte aber später, dass sie sich selbst verraten hatte.

Sonja fühlte sich zu einem Mann hingezogen und verbrachte die Nächte mit ihm, aber sie schliefen nicht miteinander. Sie wollte, aber er sagte zu ihr, dass er kein wirkliches Interesse an Sex mit ihr habe, weil er „solche Gefühle nicht für sie hatte". Sie akzeptierte es in der Hoffnung, dass es sich eines Tages ändern würde. In der Zwischenzeit litt sie. Als wir sie fragten, warum sie sich einer solchen Situation aussetzte, gab sie an, dass sie daran gewöhnt war, von Männern zurückgewiesen zu werden und gar nicht erwartete, begehrt zu werden.

Dies sind zwei Beispiele dafür, wie leicht unsere Unsicherheit unsere Sexualität beeinträchtigen kann. Wenn wir unseren Selbstwert nicht mehr spüren, gehen wir davon aus, dass wir es nicht verdienen, geliebt zu werden. Diesen Verlust von Selbstwert nennt man Scham. Scham ist ein tiefes Gefühl der Unsicherheit, wir vertrauen unseren Gefühlen nicht oder kennen sie gar nicht und empfinden tief drinnen, dass wir grundlegend falsch, gestört und nicht gut genug sind. Wenn wir Beziehungen eingehen, ohne unsere Scham zu kennen und sie gefühlt zu haben, beeinflusst das sehr stark, wie wir uns dem anderen gegenüber verhalten und wie wir Sex haben.

Wenn wir uns schämen, können wir hin und her pendeln zwischen dem Gefühl, wertlos zu sein und dem Gefühl, besser zu sein als andere, zwischen Kollaps und Grandiosität.

Nathans Scham manifestiert sich in der grandiosen Form. Er leitet Sexualitätsworkshops und ist stolz darauf, ein sensibler und präsenter Liebhaber zu sein. Er hat Erfolg in seiner Arbeit und seine Schüler bewundern sein Wissen über Sexualität und seine Fertigkeit im Unterrichten tantrischer Techniken. Bisher konnte er jedoch keine wirkliche Intimität zu einer Frau entwickeln. Er hat kurze Affären, aber immer wieder „entdeckt" er, dass die Frauen, mit denen er zusammen ist, nicht „tief, sensibel oder präsent" genug für ihn sind, vor allem im Sex. Unter der Maske eines erfolgreichen Lehrers steckt jemand, der zutiefst unsicher und einsam ist. Aber dieser Teil in ihm bleibt weiterhin verleugnet. Er hat noch zuviel Angst, die Scham zu fühlen.

Manchmal braucht es eine Provokation von außen – wie eine Zurückweisung, Verlassenwerden, Beurteilung, Kritik, eine Niederlage, einen Unfall oder Krankheit, um uns zu helfen zu realisieren, dass wir uns schämen.

Wenn unsere Scham ausgelöst ist, versinken wir möglicherweise in tiefem Selbstzweifel, in Depression und Hoffnungslosigkeit und haben vielleicht sogar Suizidgedanken. Und wenn wir nicht bereit sind, uns der Scham zu stellen und sie zu fühlen, kann es sein, dass wir versuchen, vor dem Schmerz in uns davonzulaufen und deswegen wütend, defensiv, aggressiv oder selbstzerstörerisch werden.

> Scham entsteht aus dem Gefühl des Getrennt-
> seins von uns selbst. Ein Zustand, in dem wir
> nicht in Kontakt mit unseren lebenswichtigen
> Kräften und unserer Einzigartigkeit sind und
> wir ruhen nicht in dem Wissen, wer wir sind.
> In diesem getrennten Zustand bauen wir
> unseren Selbstwert auf dem auf, was andere
> von uns denken, auf unserer Leistung und
> unserem Image, statt die göttliche Präsenz zu
> fühlen, die auf einzigartige und besondere
> Weise durch uns strahlt.

Es gibt kaum einen Bereich, in dem Image, Leistung und was andere über uns denken, uns mehr treffen kann, als im Sex.

Die Gründe für Scham – beim Sex und in anderen Bereichen

Scham entsteht, wenn wir uns nicht gesehen und unterstützt fühlen, in dem, wer wir sind. Das kann in frühester Kindheit anfangen, wenn wir uns nicht angenommen oder geliebt gefühlt haben oder wenn es in dem Umfeld, in dem wir aufgewachsen sind, Spannungen und Konflikte gab. Als Kind übernehmen wir die Verantwortung für jegliche lieblose, nicht unterstützende und sogar missbräuchliche Energie, die uns entgegengebracht wird oder die wir um uns herum spüren.

Tanja ist eine attraktive, quicklebendige, hochintelligente, kleine Frau Mitte Dreißig. Sie wurde von einer narzisstischen, kontrollierenden Mutter und einem „abwesenden" Vater erzogen. Als Teenager war Tanja rebellisch und zornig und ihr wurde gesagt, speziell von ihrer Mutter, dass sie ein schwieriger, negativer Mensch sei und Konflikte schaffe, wo immer sie sei. Heutzutage gibt Tanja sich immer die Schuld, wann immer ein Konflikt zwischen ihren Familienmitgliedern oder mit Männern in ihrem Leben auftaucht. Sie ist überzeugt, dass es in ihr etwas grundsätzlich Dunkles und Hässliches gibt, dass ihr Herz verschlossen und sie unfähig ist zu lieben. Ihr negatives Selbstbild ist das direkte Ergebnis des Missbrauchs, den sie als Kind und Heranwachsende erfahren hat. Obwohl das Beschämen ein allgemeines Phänomen ist, das in der Kindheit passiert, gibt es doch einige ganz spezifische Faktoren, die dazu beitragen:

- **Nicht in unserer natürlichen Lebensenergie unterstützt zu werden:** in unserem Zorn, unserer Sexualität, Lebendigkeit, Freude, Angst und Traurigkeit. Es kann durch direkte verbale Botschaften geschehen oder wenn die, die uns aufgezogen haben, einfach eine negative Einstellung zur Lebendigkeit hatten. Unsere natürliche Lebensenergie zu fühlen und ihr zu vertrauen, ist der erste und wichtigste Schritt, um ein positives Selbstwertgefühl zu erlangen. Wenn dies nicht unterstützt oder unterdrückt wird, verlieren wir das grundlegende Vertrauen in uns.

- **Emotional, körperlich oder sexuell missbraucht zu werden oder Zeuge eines solchen Missbrauchs zu sein.** Dies kreiert tiefe Schuld in einem Kind, weil die einzige Art, wie es sich einen Reim auf diese Art von Behandlung machen kann, ist, anzunehmen, dass er oder sie es verdient hat. Sexueller Missbrauch ist sogar noch verwirrender, weil ein Kind möglicherweise die Aufmerksamkeit und die körperlichen Empfindungen genießt, sich aber gleichzeitig auch schrecklich schuldig fühlt, und sich dafür schämt, dass es ihm gefällt.

- **Als Kind physisch oder emotional verlassen zu werden.** Wenn wir die Anwesenheit, Wertschätzung und den Halt eines Elternteils nicht fühlen, nehmen wir an, dass wir etwas falsch gemacht haben, das sie oder ihn zum Weggehen veranlasst hat.

- **Von einem narzisstischen Elternteil aufgezogen zu werden, dessen Hauptinteresse und Energie sich selbst galt.** Mit dieser Art der Fürsorge bekommen wir nicht die Chance als die wahrgenommen zu werden, die wir sind, weil wir immer als eine Erweiterung der narzisstischen Bedürfnisse des Elternteils gesehen werden. Wie wir gespiegelt werden, hat nichts mit uns, sondern nur mit dem narzisstischen Elternteil zu tun.

- **Herablassend behandelt und in die Rolle eines Kindes gepresst zu werden.** Durch solche Behandlung erleben wir uns ständig als Kind, ohne je erwachsen zu werden und auf eigenen Füßen zu stehen. Diese Art der Beschämung geschieht auch durch Eltern, die ein emotionales (und unbewusstes) Interesse daran haben, uns in der Kinderrolle zu halten, um ihre eigenen Bedürfnisse zu befriedigen.

- **In eine bestimmte Rolle in der Familie gepresst zu werden oder jegliche Form von Druck und Erwartungen, etwas zu leisten.** In manchen Fällen bekamen wir Anerkennung dafür, uns um alles zu kümmern, oder Superleistungen zu erbringen, in anderen schlüpften wir in die Rolle des Clowns oder Versagers. Der Druck und die Erwartungen, die wir vielleicht erfahren haben, sind zutiefst beschämend, weil wir dadurch anfangen zu glauben, dass unser Wert davon abhängt, was wir tun, statt davon, wer wir sind.

- **In einer Umgebung aufzuwachsen, die voller Regeln und Verbote ist.** Wenn die Spontaneität und Natur eines Kindes von klein auf durch Regeln und Verbote eingeschränkt wird, hat es keine Möglichkeit zu forschen. Es beginnt sich für jeden möglichen Übertritt schuldig zu fühlen und passt sich allmählich an. Es wird ein braver Junge oder ein braves Mädchen. Das kann das Feuer des Lebens auslöschen.

- **Von den Ängsten und der Negativität eines Elternteils infiziert werden.** Ein Kind absorbiert auf ganz natürliche Weise die Energie und die subtilen Schwingungen derer, die sich um es kümmern. Es beginnt zu glauben, was es fühlt und die Negativität und Angst eines Elternteils werden seine eigenen.

- **Mit jemandem verglichen zu werden.** Ein Kind mit jemandem wie zum Beispiel einem Geschwister vor- oder nachteilig zu vergleichen, ist beschämend. Das trifft auch zu, wenn es sich unter Druck fühlt, einem gewissen Leistungsstandard genügen zu müssen, den jemand anders aufgestellt hat.

- **Unehrlichkeit und Familiengeheimnisse.** Wenn ein Kind in einem Umfeld aufwächst, in dem Unehrlichkeit herrscht, erschafft das in ihm ein tiefes Gefühl der Unwirklichkeit. Es beginnt, an seinen eigenen Gefühlen und seiner Intuition zu zweifeln. Dies gilt für Unehrlichkeit bei Tatsachen ebenso wie für emotionale Unehrlichkeit.

- **„Etikettiert" werden oder gesagt bekommen, was wir fühlen und denken sollen.** Ein Kind, das „etikettiert" wird, bekommt gesagt, wer es ist oder was es denkt oder fühlt, und wird seines essenziellen Vertrauens in sich selbst beraubt.

- **Gedemütigt, gehänselt, kritisiert oder beurteilt zu werden.** Ein Kind, das dies erlebt, beginnt ein Selbstbild zu formen, das auf Scham basiert. Der Person, die das macht, erscheint es nicht schlimm, für ein Kind ist es aber so.

Das Ergebnis einer oder aller Formen von Beschämung ist, dass wir mit einem angeschlagenen Gefühl für uns selbst aufwachsen und den negativen, verurteilenden Stimmen glauben, die sich in unserem Kopf eingenistet haben. Es kann sein, dass wir diese Erfahrungen verniedlichen und/oder unseren Eltern verfrüht vergeben, bevor wir die Ungerechtigkeit und den Schaden gefühlt haben, den sie angerichtet haben. Dann riskieren wir, die Scham unser Leben lang zu behalten und ihr zu erlauben, jeden Aspekt unseres Lebens zu beeinträchtigen.

Aus Scham gehen wir im Sex Kompromisse ein

Sara, eine Frau Anfang Fünfzig, kam zu uns, weil ihre dreißigjährige Ehe in Schwierigkeiten war. Ihr Ehemann, ein Geschäftsmann, der seine Zeit damit verbrachte, die Welt zu bereisen, war kaum zu Hause. Sie hatte sich daran gewöhnt, auf ihn zu warten und sich mit den paar Krümeln Aufmerksamkeit und Sex, die er ihr ab und zu gab, zufrieden zu geben. Während des ersten Kurses, an dem sie teilnahm, erfuhr sie von einer Freundin, dass ihr Mann seit Jahren Affären hatte. Sie hatte immer einen Verdacht gehabt, aber es war niederschmetternd, es bestätigt zu haben und sie fühlte sich gedemütigt, weil andere vor ihr davon wussten.

Saras Schamgefühl sagte ihr, dass sie nichts Besseres verdiente. Sie verglich sich ständig mit all den „jungen und attraktiven" Frauen, mit denen er schlief und konnte sich dennoch ein Leben ohne ihn nicht vorstellen. Sie gab sogar zu, dass er derjenige war, zu dem sie sich sexuell am meisten hingezogen fühlte, obwohl er beim Sex mit ihr nie wirklich anwesend oder interessiert war. Zudem konnte sie sich nicht vorstellen, einen anderen Mann zu finden.

Über einen Zeitraum von mehreren Jahren, in dem sie viele Workshops mit uns machte, begann sie langsam zu fühlen, dass sie in ihrem Leben mehr verdiente. Sie erlaubte sich ihren Zorn darüber, dass sie so unterwürfig und gefällig zu ihm gewesen war und sich mit so wenig zufrieden gegeben hatte.

Durch die Rückmeldungen anderer Leute, vor allem von den Männern in den Workshops, begann sie zu erkennen, dass sie jemand war, mit dem andere tatsächlich gerne Zeit verbrachten. Es überraschte sie, von vielen Männern zu hören, dass diese sie attraktiv, frech, lustig, lebendig, sensibel und intelligent fanden. Schließlich ließ sie sich scheiden und fing an, das Leben als Single-Frau zu erfahren. Es ist immer noch neu für sie, aber allmählich beginnt sie, aus ihrer Scham herauszukommen und ihre Schönheit, Kraft und Sinnlichkeit zu spüren. Sie begann eine Affäre mit einem Mann, den sie seit Jahren kannte und entdeckte, dass nicht alle Männer nur ihre eigenen Bedürfnisse im Kopf haben, wenn sie Liebe machen. Manche sind fürsorglich und sanft und nehmen sich Zeit, auf die Frau einzugehen und ihr Genuss zu bereiten.

Scham ist der Grund, warum wir uns selbst übergehen, um Liebe zu bekommen; warum wir unseren Körper verraten, unsere eigenen Bedürfnisse preisgeben und uns auf Situationen einlassen, in denen wir uns nicht respektiert und sogar missbraucht fühlen. Eine Person, deren Identität auf Scham basiert, ist beim Sex oft mehr darauf fokussiert, den anderen zufrieden zu stellen oder zu beeindrucken, statt sich selbst treu zu bleiben.

Aus Scham kompensieren wir beim Sex

Scham bringt uns nicht nur dazu, im Sex Kompromisse zu machen, sie kann uns auch dazu bringen, beim Liebemachen zu kompensieren, indem wir uns selbst beweisen, dass wir „ein guter Liebhaber/eine gute Liebhaberin" sind, und so unsere sexuelle Unsicherheit überdecken.

In einer Paarsitzung beschwerte sich die Frau, dass sie ihren Mann nicht fühlen konnte, wenn sie miteinander schliefen. Sie war wütend, weil sie das Gefühl hatte, dass sein Interesse nur dem Sex galt und nicht der Verbindung mit ihr. Er wollte an „aufregenden" Orten Liebe machen und mit verschiedenen Positionen, Analsex inbegriffen, experimentieren. Sie schätzte seine Leidenschaft und Intensität, spürte aber, dass er nicht wirklich bei ihr war.

Ich (Krish) habe herausgefunden, und ich glaube, das trifft auf viele Männer zu, dass die Angst, meinen Erwartungen und denen meiner Partnerinnen im Sex nicht gerecht zu werden, mein Verhalten im Sex über einen großen Teil meines Lebens bestimmt hat. Ich erbrachte Leistung. Obwohl ich mir dessen nicht bewusst war, lag hinter diesem zwanghaften und oft automatischen Verhalten das Gefühl, nicht potent genug zu sein. Bevor ich etwas über Scham wusste, war ich mir nicht einmal bewusst, dass das, was ich im Sex machte, oft getrieben, abgetrennt und mechanisch war. Ich dachte einfach, dass man es so macht. Mit Amana veränderte es sich. Sie war nie interessiert an „gutem Sex", ihr Interesse ist es, mit mir „in Verbindung" zu sein. Sich verbinden bedeutet, nichts zu leisten oder zu beweisen versuchen, sondern echt und offen mit dem zu sein, was da ist, was immer es ist. Das gab mir die Möglichkeit, in die Tiefe meiner „Kastrationsängste" hineinzugehen, die Leere in meinem Genitalbereich zu spüren, die Scham darüber zu fühlen und mich damit zu zeigen. Auf diese Art heilt es. Ich kann nicht sagen, dass meine sexuelle Scham weg ist. Aber ich kann sagen, dass sie wirklich kein Thema mehr ist. Das ist das Wunder der Liebe. Selbst durch diese Erfahrung gegangen zu sein, hilft mir, anderen Männern beizustehen, wenn sie entweder in ihrer Scham sind oder versuchen, diese durch weglaufen zu kompensieren. Männer hassen es, sexuell zurückgewiesen zu werden, weil das so viel Scham hochbringt. Und oft werden wir wütend, beschuldigen, fordern oder versinken in Resignation, statt die Scham zu fühlen und darüber zu sprechen. Diese Reaktionen sind meist automatisch, sie geschehen aus Gewohnheit und schützen uns davor, die Scham zu fühlen, die durch Zurückweisung ausgelöst wird. Wenn unsere Identität auf Scham aufgebaut ist, fühlt es sich beinahe unerträglich an, den Schmerz über eine sexuelle Zurückweisung zuzulassen.

Ein Paar, mit dem wir arbeiteten, hatte Probleme weil der Mann sich häufig sexuell zurückgewiesen fühlte. Aber anstatt über die Unsicherheiten, die in ihm dadurch hochkamen, zu sprechen, beschuldigte er sie, verklemmt und nicht offen und sexy zu sein und sich nicht schön zu machen.

Frauen können manchmal Scham erleben, weil sie sich sexuell fühlen und den Sex genießen. Ich (Amana) erinnere mich an eine Beziehung, die ich vor Jahren hatte, in der mein Partner mich immer zurückwies, wenn ich zu ihm kam und Sex mit ihm haben wollte. Er öffnete sich nur, wenn er den ersten Schritt machen konnte, sonst zog er sich zurück. Das brachte eine tiefe Scham über meine Sexualität und darüber „zuviel" zu sein, an die Oberfläche.

Viele Frauen sind darauf konditioniert, abzuwarten und passiv zu sein. Wenn die Leidenschaft zu erwachen beginnt und dann vom Mann abgelehnt wird, kann einen das in den Abgrund stürzen. Es braucht viel Mut, sich durch diese Zurückweisung hindurch zu bewegen, die Scham zu fühlen und in sich den Platz zu finden, wo wir wissen, dass an Leidenschaft und Spaß am Sex nichts falsch ist.

Manche Männer fühlen sich vielleicht von dieser Leidenschaft bedroht, aber das lässt sie nicht falsch werden. Wir müssen nicht unsere Energie zurückhalten, nur weil sie Scham und Unsicherheit in einem Mann auslöst. Es ist ganz normal, dass sich das Risiko, abgelehnt zu werden, erhöht, wenn wir mehr auf Männer zugehen. Und das kann Gefühle auslösen, wie: sich „schmutzig" fühlen, eine „Schlampe" oder unattraktiv und nicht begehrenswert zu sein. Es ist besonders stark, wenn uns beigebracht wurde, dass Sex etwas Schlechtes ist oder dass eine Frau reserviert sein und ihre Leidenschaft zurückhalten sollte. Wenn wir uns klarmachen, dass all das Ideen einer repressiven und lebensverneinenden Gesellschaft und vielleicht auch unserer Eltern sind, ist es leichter zu verstehen.

Scham über unseren Körper

Wir können auch tiefe Scham über unsere Körper und unsere Genitalien empfinden. Während eines Workshops saß Peter mit einigen anderen Teilnehmern beim Abendessen. Eine der Frauen erzählte von einem Mann, dessen Penis so klein war, dass sie ihn nicht spüren konnte, als er in ihr war, was sie sexuell unbefriedigt zurückließ. Peter sagte in der Situation nichts, aber es berührte ihn, weil er sich schon immer wegen der Größe seines Penis schämte. Als wir an diesem Abend im Gruppenraum zusammen kamen, hatte er den Mut, der ganzen Gruppe von diesem Vorfall zu erzählen. Doch selbst nachdem alle anderen Frauen ihm gesagt hatten, dass für sie die Penisgröße eines Mannes nichts mit ihrer sexuellen Befriedigung zu tun habe, war es immer noch schwierig für ihn, anzunehmen, dass nicht etwas grundlegend falsch an ihm war, weil sein Penis nicht so groß war, wie er es sich wünschte.

Im selben Seminar sagte eine Frau, dass sie sich unglaublich für ihren Körper schämte. Sie fand ihren Busen zu klein, ihre Hüften zu schmal und ihre Beine zu dick. Sie schämte sich vor ihrem langjährigen Freund nackt zu sein, mit dem sie schon viele Jahre zusammen war. Sie musste sicherstellen, dass er immer total befriedigt war, wenn sie miteinander schliefen, weil sie sonst Angst hatte, dass er sie verlassen würde.

Als wir sie fragten, warum sie glaubte, dass ihr Freund sie liebte, konnte sie keinen einzigen Grund finden. Wir schlugen vor, dass sie ihn anrief und direkt fragte, warum er mit ihr zusammen war. Als ihr Freund den Anruf erhielt, war er überrascht und konnte nur ein paar Dinge nennen, die ihm in dem Moment einfielen. Aber während der nächsten drei Tage schickte er ihr ständig Kurznachrichten mit mehr Gründen, warum er sie liebte. Scham ist schwerhörig. Nichtsdestotrotz kam sie (die Teilnehmerin) jeden Morgen mit einem größeren Lächeln zur Gruppe.

Wenn wir uns schämen und Gefühle von Wertlosigkeit uns übermannen, ist es schwierig, uns vorzustellen, warum irgendjemand uns lieben könnte. Aber die Liebe ist eine große Macht und wenn sie auf aufrichtige und ehrliche Weise kommt, kann sie sogar die dickste Mauer aus Scham durchbrechen.

Aus Scham ziehen wir Missbrauch an oder werden selbst zum Missbraucher

Manchmal ist unsere Scham so groß, dass wir Missbrauch tolerieren oder sogar einladen. Und oft beschuldigen wir uns selbst dafür, dass wir missbraucht werden und idealisieren die andere Person.

Anna, eine Frau Mitte Dreißig, war mit einem Mann zusammen, der sie regelmäßig schlug, sexuell gewalttätig war und häufig mit anderen Frauen schlief. Sie wusste, dass es nicht gesund für sie war, bei ihm zu bleiben, aber sie konnte ihn nicht verlassen. Immer, wenn sie es versuchte, kam sie wieder zurück. Auch ihr Vater hatte sie und ihre Mutter körperlich missbraucht. Sie war zutiefst konditioniert zu glauben, dass dies die Art und Weise ist, wie Männer mit Frauen umgehen. Sie hatte so wenig Selbstwertgefühl und so viel Scham, dass sie sich nicht vorstellen konnte, anders behandelt zu werden.

Anstatt zu sehen, dass ihr Partner gestört war, idealisierte sie ihn und gab sich selbst die Schuld für den Missbrauch. Sie erzählte uns immer wieder von all den guten Seiten ihres Mannes – wie stark und gut aussehend er war. Wir konnten sehen, dass sie nicht bereit war, ihn so wahrzunehmen, wie er in Wirklichkeit war. Wenn wir uns schämen, treffen wir schnell Entscheidungen, die unser Wesen nicht unterstützen. Dennoch, im Laufe der Zeit begann sie zu verstehen, dass ihre Überzeugung darüber, wie sie und Frauen im Allgemeinen es verdienen, behandelt zu werden, ein Symptom ihrer Scham war und aus ihrer Vergangenheit kam.

Eine andere Form, in der Scham sich zeigen kann, ist es, selbst missbräuchlich zu werden. Mark war von seinem Vater körperlich missbraucht worden und trug eine Menge Zorn in sich. Er fand heraus, dass er sich in seinen Beziehungen mit Frauen so verhielt, wie sein Vater gegenüber seiner Mutter – missbräuchlich, gewalttätig, sexuell aggressiv, fordernd und oft gereizt. Er kam zu uns, um an sich zu arbeiten, weil er begann, den Schmerz über sein Verhalten zu fühlen und bereute, dass seine Gewalttätigkeit außer Kontrolle war. Während er die Scham und Angst in sich erforschte, entdeckte er im Laufe der Zeit, dass sein Zorn tiefe Gefühle von Hilflosigkeit überdeckte.

Wenn er sich selbst erlaubte, sich zu entspannen, hatte er das Gefühl, jeder könne ihn missbrauchen, genauso wie es sein Vater getan hatte. Er erkannte auch, dass er sich zutiefst unsicher in seiner Sexualität fühlte. Wenn er einer Frau nicht beweisen konnte, wie potent er war, dachte er, er würde niemals geliebt. Sich dieser unterschwelligen Unsicherheit bewusst zu werden und die Bereitschaft, die Hilflosigkeit zu spüren, hat ihm geholfen, sich besser zu fühlen und allmählich verschwand der Zorn.

Der Scham begegnen

Je intimer wir miteinander werden, umso schwieriger wird es, unsere Scham vor uns selbst oder unserem Partner zu verbergen. Das ist einer der Gründe, warum viele Menschen Intimität vermeiden. Wenn wir viele Partner haben und häufig Partner wechseln, können wir uns vielleicht hinter sexueller Aktivität, Erregung durch neue Sexpartner und dem Nervenkitzel der Verführung und Eroberung verstecken. Scham ist der Hauptgrund, uns zu isolieren.

Es braucht Mut, zuzugeben, dass wir sexuelle Scham empfinden. Aber es ist auch ein Tor zu größerer Intimität und Liebe, wenn wir unsere Masken fallenlassen und unsere Unsicherheit annehmen.

6. Kapitel

Du musst für mich da sein!

Wie unser regrediertes Kind sich im Sex zeigt

ES GIBT EINEN TEIL IN UNS, DER HAUPTSÄCHLICH DAMIT BESCHÄFTIGT ist, zu bekommen, was er will und dabei keinerlei Rücksicht auf die Gefühle und Empfindungen des Anderen nimmt. Dieser Teil in uns wird „das regredierte Kind" genannt. Eigentlich ist es ein regredierter Erwachsener, der sich wie ein Kind verhält.

Wenn dieser Teil in uns am Steuer sitzt, reagieren wir fordernd, glauben, auf unsere Forderung einen Anspruch zu haben, sind defensiv, launisch, zurückgezogen, emotional, wütend, gewalttätig, betteln, wollen Rache nehmen, kontrollieren, manipulieren, Recht haben, verurteilen, kritisieren und/oder sind deprimiert, kollabiert oder/und resigniert.

Wir können sogar in die fürsorgliche Rolle schlüpfen, wobei das Kind, als Erwachsener verkleidet, sich verantwortungsvoll und fürsorglich verhält, unterschwellig aber eigentlich möchte, dass man sich um es kümmert. Oft realisieren wir nicht, wenn das regredierte Kind die Führung übernimmt, weil es meist zwanghaft, automatisch und unbewusst passiert. Wie alles, worüber wir bisher gesprochen haben, wird auch dieser Teil in uns beim Sex stark herausgefordert und es ist hilfreich, mehr darüber zu verstehen.

Einer unserer Klienten ist ein charmanter, attraktiver Mann Mitte Vierzig. Er beklagte sich bei uns, dass die Frauen ihn verließen, kurz nachdem sie begonnen hatten, mit ihm auszugehen und er wollte den Grund dafür wissen. Wir schlugen vor, dass er diese Frage der Frau stellte, mit der er zuletzt zusammen gewesen war. Sie sagte ihm darauf, dass sie ihn nett, süß und attraktiv fand, aber sobald ihre Beziehung sexuell wurde, zog sie sich zurück, weil sie fühlte, dass er sich wie ein hungriges Hündchen verhielt. Diese Energie bewirkte, dass ihr die Lust am Sex mit ihm verging, weil sie das Gefühl hatte, eher mit einem bedürftigen kleinen Jungen als mit einem Mann zu schlafen.

Ein anderer Klient war vor kurzem von der Frau, mit der er fünf Jahre lang zusammen gewesen war, verlassen worden. Er hatte keine Ahnung, warum sie Schluss gemacht hatte, aber er sagte zu uns, dass es sowieso egal sei, weil „die Beziehung ausgelaufen und es Zeit für uns beide war, weiterzugehen."

Später, als wir ihr begegneten und sie fragten, warum die Beziehung zu Ende gegangen war, sagte sie: „Er wollte immer alles unter Kontrolle haben. Am Anfang war ich beeindruckt von seiner Weisheit und wie entwickelt er auf der spirituellen Ebene war. Aber später sah ich, dass das ein Machtspiel war. Er spielte mit mir die ganze Zeit den Guru/Lehrer/Therapeuten. Er wollte mir zeigen, wie man auf 'spirituelle' Weise Liebe macht. Und nach einer Weile konnte ich es einfach nicht mehr ertragen."

Die Rolle des Überlegenen, des weiter Entwickelten, ist lediglich ein weiteres Gesicht des regredierten Kindes. Das regredierte Kind lebt sich im Sex aus, weil dies ein Bereich ist, in dem wir etwas *wollen*. Wir wissen vielleicht nicht was oder sogar, dass wir etwas wollen, aber wir wollen.

Das Problem ist nicht, dass wir ein regrediertes Kind in uns haben – das haben wir alle. Das Problem ist, dass wir uns dessen nicht bewusst sind, wann es da ist und wie es sich verhält.

> Wenn unsere Sexualität von unserem
> regredierten Kind bestimmt wird, kann das
> nicht nur den Sex sabotieren, sondern auch
> die Beziehung. Es tötet die sexuelle Energie,
> verursacht Groll in unserem Partner und fördert
> unseren Unwillen, erwachsen zu werden.

Wenn wir uns bewusst werden, wie sich dieser Teil im Sex zeigt, verändert sich alles. Lasst uns ein anschauen, wie dieses regredierte Kind sich zeigt und wie es unsere Sexualität beeinflusst.

Der hungrige Penis und die hungrige Vagina – unsere Unsensibilität im Sex

Es ist nachvollziehbar, dass wir oft vergessen, einfühlsam mit unserem Partner zu sein, wenn wir primär auf die Befriedigung unserer eigenen Bedürfnisse fixiert sind.

Andrea und Peter kamen, weil sie Probleme beim Sex hatten.

Andrea: „Ich finde, dass er zu fordernd, zu schnell und voller Erwartungen ist. Das tötet meine Lust auf ihn."

Peter: „Ich gebe zu, ich bin voller Erwartungen, aber nur deswegen, weil sie mich dauernd sexuell zurückweist. Und je mehr sie mich ablehnt, umso hungriger werde ich. Am Anfang unserer Beziehung war das nicht so. Sie war ein Sextier. Es war tatsächlich so, dass ich oft das Gefühl hatte, ich würde sie nie befriedigen können. Manchmal, wenn wir Liebe machten, fühlte es sich für mich fast so an, als würde sie mich vergewaltigen."

Andrea gab zurück: „Ich war vielleicht am Anfang unersättlich, aber jetzt ist er derjenige, der nie genug zu kriegen scheint. Ich fühle mich benutzt, als sollte ich ein Loch in ihm füllen. Ich mag so nicht Liebe machen."

Peter: „So habe ich mich mit dir auch gefühlt. Als würde ich für dich eine Dienstleistung erbringen."

Die beiden hatten einander viel vorzuwerfen wegen dieses Verhaltens, aber im Laufe der Sitzung konnten sie sehen, dass sie beide Sex benutzten, um ihrer Panik und ihrem inneren Hunger Ausdruck zu verleihen und diese zu stillen. Sie waren überrascht und erleichtert, das zu erkennen.

Dieses Paar ist ein gutes Beispiel für ein Phänomen, das wir „den hungrigen Penis" oder „die hungrige Vagina" nennen. Wenn wir zur anderen Person mit einem hungrigen Penis oder einer hungrigen Vagina kommen, benutzen wir unseren Partner. Wir haben nicht eine gebende, sondern eine nehmende Einstellung dabei. Wir benutzen Sex um Gefühle wie Leere, Einsamkeit, Unsicherheit, Sinnlosigkeit, Schmerz oder Angst nicht spüren zu müssen. Wir benutzen Sex, um zu flüchten.

Die meisten von uns sind sehr bedürftig und tragen Panik in sich und es ist nur menschlich, dass wir versuchen, im Sex Er-*leichterung zu finden. Das Problem dabei ist die Unbewusstheit. Deswegen fühlt sich der andere benutzt. Hinzu kommt, dass wir aus dem Zwang heraus, unsere Angst in Schach zu halten und unsere innere Leere zu füllen, unsensibel, grenzüberschreitend, und sogar missbräuchlich mit dem Partner umgehen.

Mary, eine attraktive Frau Mitte Vierzig, meinte auf die Frage, was sie von Männern beim Sex erwarte: „Extrem potent sollen sie sein, präsent, total für mich da, sanft und doch fest, weich und hart zugleich und wann immer ich Lust habe, bereit sein, mit mir Liebe zu machen." Obwohl sie das mit einer Portion Humor sagte, gab sie zu, dass sie von einem Mann, der diese Kriterien nicht erfüllte, enttäuscht sein und ihn letztendlich ablehnen würde. Nach einem genaueren Blick auf das, was hinter diesen Erwartungen lag, gab sie zu, dass sie eigentlich ein sehr verängstigtes kleines Mädchen war, das einfach einen starken Mann in ihrem Leben haben wollte, damit sie sich entspannen konnte und nicht immer so „stark" sein musste. Ihre sexuelle Erwartungshaltung überdeckte die tief sitzende Angst davor, einen Mann einfach so sein zu lassen, wie er ist, mit all seinen Schwächen.

Wir können Sex benutzen, um unsere Verlassenheitswunde zu überdecken

Wie gesagt, es ist verständlich, dass wir Sex dazu benutzen, um von unserer Panik, unserer Angst und unserer Scham abzulenken; er kann uns für den Moment Erleichterung verschaffen oder Nähe, Berührung, ein Gefühl von Eroberung geben. Der Sex nimmt den momentanen Druck. Dennoch überdecken „der hungrige Penis" oder „die hungrige Vagina" die tiefe Angst vor dem Verlassenwerden, die uns sehr wahrscheinlich nicht bewusst ist. Und so können wir sehr fordernd im Sex werden.

Steven hatte das Gefühl, dass seine Freundin Lisa beim Sex wollte, dass er „mehr Mann" sei. Er sagte, dass sie „… seine leidenschaftliche Energie fühlen wolle und dass er so präsent und stark sein solle, dass sie total loslassen könne."

„Wenn ich nicht so bin, sagt sie mir, dass sie ihre Weiblichkeit nicht fühlen und nicht empfänglich sein könne. Ich empfinde das als schrecklichen Druck. Ich kann ihre Erwartungen nicht erfüllen, selbst wenn ich es wollte."

Lisa sagte: „Ich möchte, dass er sich innerlich verpflichtet, präsent und in seiner männlichen Energie zu sein, wenn er mit mir Liebe macht. Ich will einen Mann. Es ist sein Potential und seine Bestimmung, ein Mann zu sein und mit totaler Präsenz Liebe zu machen. Dann kann ich mir erlauben, mein volles Potential als Frau zu leben – mich hingeben, offen und empfänglich sein."

Manche ihrer Vorstellungen kamen von einem Sexualitäts-lehrer, bei dem die beiden waren. Er lehrt, dass im wahren Sex die Rolle des Mannes die ist, so präsent und zentriert zu sein, dass die Frau sich total hingeben kann. Unserem Verständnis nach ist es gefährlich, wenn wir uns feste Vorstellungen machen, wie wir sein sollten. Es kann mehr Druck kreieren und uns davon abhalten zu fühlen, was tief in uns vor sich geht. Damit diese beiden einander tief und intim lieben konnten, war es notwendig, dass er seine Unsicherheiten akzeptierte und sie hinter ihre Erwartungen und Forderungen schaute, die möglicherweise ihre eigene Verlassenheitswunde überlagern.

Wenn wir eine Zurückweisung oder einen Verlust erleben, kann unsere Wunde, verlassen zu werden, aufbrechen. Das passiert immer dann, wenn wir das Gefühl haben, dass uns Liebe oder Aufmerksamkeit entzogen wird oder wenn unser Partner nicht so Liebe mit uns macht, wie wir es möchten. Im Sex können wir hochempfindlich reagieren, wenn wir das Gefühl haben, etwas nicht zu bekommen. Vielleicht verknüpfen wir unbewusst emotionales Genährtwerden und Unterstützung unseres Selbstgefühls mit Sex oder Nähe. Wenn wir bekommen, was wir wollen, fühlen wir uns gut und wenn nicht, sind wir ausgesprochen irritiert. Und wenn die andere Person sexuelle Energie zurückhält oder unsere Versuche, ihr körperlich nahe zu kommen, ablehnt, fühlen wir uns schnell verlassen.

Ich (Krish) habe vor ein paar Jahren erlebt, wie dieses Thema mich aus der Bahn warf. Nach einem Meditationsretreat wurde Amana sehr introvertiert und hatte wenig Interesse an mir und an Sex. Sie verbrachte viel Zeit allein und meditierte. Ich war daran gewöhnt, dass sie immer erreichbar war und es war ein Schock für mich zu fühlen, dass sie nicht mehr so wie bisher gewohnt für mich da war. Ich merkte, dass ich gereizt und kritisch wurde, und auch fordernder in Bezug auf Intimität. Ich brauchte Monate, bis ich verstehen konnte, was geschah und ich die Panik und das Unwohlsein des Entzugs aushalten konnte. Als ich fähiger wurde, die Frustration auszuhalten, kam etwas in mir zur Ruhe. Paradoxerweise öffnete sich Amana, als ich wieder mehr bei mir war. (Komisch, wie das passiert, oder?!)

Die Flucht ins Drama

Eine weitere Form, wie sich unser regrediertes Kind in unserer Sexualität ausdrückt, ist das Erschaffen von Dramen. Drama ist deswegen so anziehend, weil es Intensität herstellt und den Sex mit Leidenschaft auflädt.

Eine unserer Klientinnen fühlt sich seit Jahren von starken, vitalen und sehr sexuellen Männern angezogen. Sie liebt den Nervenkitzel ihrer Macht und sagt, dass sie sich nur bei solchen Männern erlauben kann, sich verletzlich zu fühlen. Bei empfindsameren Männern übernimmt sie die Kontrolle und wird dominant und beherrschend. Bei den „starken" Männern wird der Sex jedoch irgendwann exzessiv und manchmal wird er gewalttätig und pervers. Wenn sie dann das Gefühl hat, der Mann ist zu weit gegangen, fühlt sie sich verraten. Solange sie in diesem Szenario steckt: Anziehung, Furcht, dann wieder Erregung, Ablehnung, manchmal ekstatisch und ein andermal verzweifelt, bleibt sie im regredierten Zustand, süchtig nach dem hochintensiven Drama. So muss sie nicht erwachsen werden und sich der Herausforderung einer tiefgehenden Beziehung mit einem Mann stellen, dem es nicht nur um das Sexabenteuer geht.

Die Flucht in die Abhängigkeit

Wenn wir vom regredierten Kind beherrscht werden, werden unsere Beziehungen und unsere Sexualität co-abhängig.

Ein Paar, Alan und Cynthia, das zu einer Sitzung mit uns kam, gingen von dem Moment an, als sie den Raum betraten, sofort aggressiv aufeinander los. Es dauerte eine Weile bis sie sprechen konnten, weil sie so aufgebracht waren.

Schließlich sagte Alan: „Ich bin wütend auf Cynthia, weil sie nur mit mir Liebe machen will, wenn ich in guter Stimmung bin. Wenn ich traurig bin, weist sie mich zurück. Aber ich kann nicht immer fröhlich sein! Bedeutet Liebe nicht, dass man die andere Person akzeptiert, egal wie es ihr geht?"

Cynthia meinte: „Ach! Ich hab sein Jammern und „Ich-armer Hund" so satt. Wer will schon mit einem Opfer Sex haben! Es macht mich krank! Am Beginn unserer Beziehung war er nicht so. Er hatte Kraft und ich schlief gern mit ihm. Ich möchte mit jemandem Sex haben, der Energie hat, nicht mit einem nassen Putzlumpen!"

Alan: „Warum kannst du mich nicht nehmen wie ich bin?"

Cynthia: „Weil ich einen Mann will. Ich fühle mich von dir betrogen. Wenn du in deiner Opfernummer bist, habe ich keinen Mann mehr!"

Sobald sie mit ihren gegenseitigen Vorwürfen loslegten, war es schwierig, sie zu stoppen. Keiner von beiden realisierte, dass es in dieser Beziehung keinen Erwachsenen gab, sondern nur zwei rechthaberische, regredierte Kinder, die glaubten, die andere Person solle ihren Erwartungen entsprechen. Dies ist der Königsweg zu wahrem Leiden.

Wir halfen ihnen zu verstehen, dass es in dieser Art von Beziehung unmöglich ist, irgendeine Form von Harmonie, Tiefe oder Verständnis füreinander zu entwickeln. Wir halfen ihnen auch zu verstehen, dass sie in einem Machtkampf steckten (ein Thema, das wir noch behandeln werden). Der Ursprung des Streites waren ihre Erwartungen aneinander und es war wichtig zu deren Wurzeln zu gehen.

> **Hinter Erwartungen liegen meist tief sitzende Ängste, nicht das zu bekommen, was wir brauchen. Oder das Gefühl, nicht verstanden, angenommen, gesehen und gefühlt zu werden. Das Problem ist, dass wir in die Falle der Vorstellung geraten, dass die andere Person unsere Erwartungen erfüllen sollte.**

Stattdessen ist es wichtig zu verstehen, dass das Gefühl, nicht zu bekommen, was wir brauchen, schon seit langer Zeit in uns steckt. Wichtige Schlüsselpunkte:

1. Die Wunde ist schon lange in uns.
2. Unser Partner wird sie aktivieren, denn das geschieht üblicherweise in Beziehungen.
3. Wenn wir uns verletzlich zeigen und aus dieser Verletzlichkeit heraus kommunizieren, statt den anderen zu beschuldigen oder Erwartungen zu haben, besteht die Chance, die Liebe zu bekommen, nach der wir uns sehnen.

> Sobald wir uns bewusst werden, dass wir unter
> der Knute unseres regredierten Kindes stehen,
> haben wir die Kraft, zu wählen, erwachsen zu
> werden. Wenn wir sehen, wie und wann unser
> regrediertes Kind denkt, handelt und fühlt,
> können wir uns dafür entscheiden, dass
> stattdessen unser erwachsenes Selbst über
> unser Leben bestimmt.

Der Grund für Alans Erwartungen war, dass er sich in seiner Empfindsamkeit und seinem Schmerz nicht verstanden fühlte. Der Grund für Cynthias war, dass sie sich in ihrer Energie nicht begegnet fühlte und immer das Gefühl hatte, zu viel zu sein. Natürlich stammten diese Wunden aus ihrer beider Kindheit. Nachdem sie entdeckt hatten, wie sie einander provozierten und woher die Probleme kamen, war es ihnen möglich, miteinander zu sprechen, ohne so stark aufeinander zu reagieren.

Manchmal zeigt sich das Drama, indem eine Person die Rolle des Kindes und die andere die eines Elternteiles übernimmt. (Die Elternrolle ist immer noch das regredierte Kind – es trägt einfach eine schickere Verkleidung.) Diese Dynamik ist genauso tödlich für den Sex.

Ein Paar kam in einen Workshop, weil sie nach fünfundzwanzig Jahren Ehe in Erwägung zogen, sich zu trennen. Ihre Sexualität war nicht mehr erfüllend – er hatte eine Affäre und sie stritten dauernd. Bevor die beiden zusammen kamen, war er als Klient bei ihr in Psychotherapie. Als sie sich verliebten, ließ sie eine ihr vernünftig erscheinende Zeit verstreichen, bevor sie eine Beziehung mit ihm begann und ihn heiratete. Aber das Machtgefälle zwischen den beiden änderte sich nie. Sie blieb in der Elternrolle und er das Kind. Er schaute zu ihr als seiner Lehrerin auf und sie blieb in ihrer Überlegenheit.

Die Person in der Elternrolle findet es oft angenehm, der Verantwortliche zu sein, weil es ihr ein Gefühl des Gebrauchtwerdens, der Macht, der Kontrolle und der Vertrautheit gibt. Das Kind findet seine Rolle gemütlich, weil er oder sie keine Verantwortung übernehmen muss und sich versorgt und sicher und/oder geführt fühlt. Es ist verständlich, dass in diesem Ungleichgewicht der Sex immer rarer wurde und schließlich ganz aufhörte (es fühlt sich an wie Inzest). Während des Seminars realisierten beide, wie sie diese Situation benutzt hatten, um sich vor ihrer Verlassenheitswunde zu schützen. Sie waren unsicher, ob sie zusammenbleiben konnten, aber beide wussten, dass sie bereit waren, eine reifere Art der Beziehung zu schaffen und sich nicht mehr hinter diesen altbekannten Rollen zu verstecken.

Es braucht viel Mut, alte Rollen fallenzulassen. Für die Person in der Elternrolle liegt die Herausforderung darin, die Kontrolle loszulassen und sich der Verletzlichkeit zu stellen, die entsteht, wenn wir der anderen Person erlauben, die Dinge auf ihre oder seine Art zu machen. Für die Person in der Kinderrolle liegt die Herausforderung darin, mehr Verantwortung zu übernehmen und Entscheidungen zu treffen statt stets um Hilfe zu bitten.

Wie wir ein gewisses Maß an Kontrolle über unser regrediertes Kind erlangen

Die Rolle des regredierten Kindes kann unsere Sexualität töten und irgendwann auch die Beziehung, wenn wir nicht ein gewisses Maß an Verständnis und Kontrolle darüber erlangen.

Der erste Schritt ist zu erkennen, wann und wie es sich zeigt. Wenn wir anfangen, unserem Verhalten mehr Aufmerksamkeit zu schenken, wird es einfacher festzustellen, wann wir aus dem regredierten Kind heraus handeln. Es ist ein bestimmtes Gefühl und wir können lernen, es zu erkennen. Wir können seine Lieblingsstrategien herausfinden und sehen, wie andere sich uns gegenüber verhalten, wenn wir in dieser Rolle sind.

Allein das Beobachten wirkt schon transformierend, weil wir sehen können, wie wir in unserem Leben Leid kreieren, wenn unser Verhalten vom regredierten Kind bestimmt wird.

> **Oft müssen wir uns entscheiden: Wollen wir unsere eigenen Bedürfnisse erfüllt bekommen oder wollen wir achtsam und respektvoll mit unserem Partner sein.**

Es ist auch wichtig zu verstehen, *warum* wir aus dem regredierten Kind heraus handeln. Wir reagieren, werden emotional, beschuldigen, kontrollieren, kritisieren, geben Ratschläge, fordern, halten fest, manipulieren, betteln, rasen vor Wut, schneiden uns ab, isolieren uns, werden deprimiert oder nehmen Rache, weil wir Angst haben. Wir haben Angst, dass wir nicht bekommen werden, was wir brauchen, wenn wir uns nicht so verhalten. So verhalten wir uns schon lange und früher waren sie für unser Überleben wichtig. Aber dieses Verhalten und diese Reaktionen haben nichts mit dem Hier und Jetzt zu tun, sondern damit, was wir auf das Hier und Jetzt projizieren.

Die Realität heute ist selten dieselbe wie damals, als wir diese Strategien entwickelt haben. Langsam erkennen wir vielleicht, dass unsere Reaktionen auf Vergangenem basieren und dass wir uns nicht mehr länger so verhalten müssen.

> **Der wichtigste und wohl auch schwierigste Aspekt, Kontrolle über unser regrediertes Kind zu erlangen, ist, zu lernen, die Angst und Panik auszuhalten, die wir spüren, wenn wir nicht**

bekommen, was wir wollen oder erwarten.
Das Verhalten des regredierten Kindes ist so
zwanghaft, unbewusst und so vertraut,
weil es ein naiver Versuch ist, Angst und
Schmerz zu mindern. Wenn der Zwang, unsere
Angst loszuwerden, überhand nimmt, gibt es
keinen Raum zwischen dem Auslöser – nicht
zu bekommen, was wir wollen – und unserer
Reaktion darauf.

Eine Frau erzählte, dass sie ihren Freund anfuhr, wenn er eine andere Frau auch nur anschaute. Sie wusste, dass dieses Verhalten ihn von ihr wegstieß, fühlte sich aber nicht in der Lage, es zu ändern. Wir fragten sie: „Was passiert in deinem Körper, wenn du siehst, wie die Aufmerksamkeit deines Freundes zu einer anderen Frau schweift?"

Sie antwortete: „Ich fühle mich aufgebracht, verstört, bange und ich höre Stimmen in meinem Kopf, die sagen, dass er mich verlassen wird, weil ich es nicht verdiene, geliebt zu werden. Ich kann diese Gefühle einfach nicht aushalten, sie sind zu stark."

Solange wir sie begleiteten und unterstützten, war es ihr möglich, in sich den Raum zu finden, wo sie ihre Angst fühlen und mit ihr sein konnte. Sie bezweifelte aber, dass sie das alleine schaffen würde.

Es erfordert Übung, Panik auszuhalten. Am Anfang brauchen wir vielleicht etwas Anleitung. Dabei ist es gut zu wissen, dass wir an Kraft, Weisheit und Tiefe gewinnen, wenn wir lernen, Frustration und Angst auszuhalten und so die Grundlage für Liebe schaffen. Wenn wir uns aufrichtig dafür entscheiden, unsere Ängste auszuhalten, statt sie an unserem Partner auszulassen, setzt das einen tief greifenden Veränderungsprozess in Gang. Es gibt eine Übung in unseren Gruppen, die die Fähigkeit stärkt,

Angst, Enttäuschung, Frustration und Schmerz tragen zu können. Wir bitten die Teilnehmer, Situationen aus ihrem Leben aufzuschreiben, mit denen sie einfach nicht umgehen können. Dabei geht es immer um Themen wie Ablehnung, Kritik, Demütigung, Druck oder Versagen. Fast immer, wenn sie tiefer gehen, erkennen sie, dass sie solche Situationen bereits erlebt haben und immer wieder erleben. Das Problem liegt darin, dass sie sich einreden, mit diesen Situationen nicht fertig werden zu können. (Da spricht das regredierte Kind.) Diese Vorstellung hindert sie daran zu realisieren, dass sie ihnen sehr wohl gewachsen sind.

Gedanken sind mächtig. Solange wir glauben, dass es bestimmte Situationen gibt, die wir einfach nicht ertragen können, gehen wir das Leben mit einer geschlossenen Faust an. Wenn wir diese Vorstellung aus unserem Kopf verbannen, können wir unsere Hände öffnen und empfangen lernen, was das Leben bringt. Es ist ein wichtiger Schritt in Richtung „erwachsen werden" und um in unsere Kraft zu kommen. Dann öffnet sich erstaunlich viel innerer Raum. Es ist unglaublich, wie viel Kraft wir in uns haben, wenn wir unseren Ängsten ins Gesicht schauen und offen sind für das, was das Leben uns bringt. Jeder von uns hat seine Lieblingsängste und genau ihnen müssen wir uns stellen.

Seit ich (Krish) verstehe, wie mein regrediertes Kind denkt und sich verhält, beobachte ich es genauer. Ich spüre, wenn es die Kontrolle übernimmt, weil es sich anders in meinem Körper anfühlt als sonst, und meine Gedanken sind ein bisschen von Angst geprägt. Natürlich habe ich das nicht gleich erkannt. Es brauchte eine Weile, bis ich verstand, dass Urteilen, Beschuldigen, Erwartungen meist aus Angst resultierten, aber jetzt spüre ich es. Seit ich mir dessen mehr bewusst bin, kann ich behaupten, dass dieser Teil von mir nicht mehr mein Leben und meine

Beziehungen bestimmt. Und ich glaube, dass das der Grund ist, warum ich zu Amana eine tiefe und liebevolle Beziehung aufrechterhalten kann.

> **Um Liebe in unser Leben zu bringen, ist es wichtig zu verstehen, dass es nicht die Aufgabe unseres Partners ist, etwas zu tun, damit wir uns besser fühlen, oder uns unsere Angst und Panik zu nehmen. Wir sind im Grunde allein und was immer wir aus Liebe und Freundschaft von einer anderen Person empfangen, ist ein Geschenk.**

Dies zu wissen, bahnt den Weg für eine gesunde, reife Beziehung zwischen zwei Erwachsenen. Wir können von unserem regredierten Kind nicht erwarten, dies zu verstehen, aber wir sind nicht nur dieses regredierte Kind. Es kommt immer wieder vor, dass wir aus dem regredierten Kind heraus handeln, aber wir haben jederzeit die Möglichkeit, zu uns selbst zurückzukommen und zu realisieren, dass es gerade für einen Moment die Kontrolle übernommen hat.

Durch die Bereitschaft, Frustration, Schmerz und Angst da sein zu lassen, schaffen wir inneren Raum, stärken unsere Mitte und Standhaftigkeit und bauen so Vertrauen zu unserem Partner auf.

Schritte, um Kontrolle über unser regrediertes Kind zu gewinnen

- Beginne zu erkennen, wenn du dich wie ein regrediertes Kind verhältst.

- Beginne zu spüren, wie es sich anfühlt, ein regrediertes Kind zu sein.

- Beginne, die Strategien und Verhaltensweisen deines regredierten Kindes zu identifizieren.

- Frage dich: „Wie beeinflusst diese Verhaltensweise die Menschen um mich herum?"

- Frage dich: „Welche Angst bringt mich gerade dazu, mich wie ein regrediertes Kind zu verhalten?"

- Sage zu dir: „Ich bin fähig, diese Angst auszuhalten."

- Frage dich: „Was würde mir helfen, sie zu ertragen?"

7. Kapitel

Liebes- oder Kriegsspiel?

Wie Machtkämpfe unser Sexleben vergiften

WENN WIR JEMANDEM NÄHER KOMMEN, IST ES FAST UNVERMEIDLICH, dass sich emotionale Themen entwickeln, denn er oder sie berührt unsere alten Wunden. Das passiert besonders dann, wenn wir mit uns oder unserem Leben nicht zufrieden sind. Wenn wir die Angst und den Schmerz, den der andere bei uns auslöst, nicht fühlen wollen, verstecken wir unsere Gefühle hinter Masken und Rollen.

> Machtkämpfe sind ein Ausdruck davon, wie wir um Kontrolle, Dominanz und unsere Position ringen. Sie zeigen sich im Recht haben müssen, im Verurteilen des Anderen oder durch Streiten, weil es zu bedrohlich ist, verletzlich zu sein. Dieses Verhalten nennen wir „Kriegsspiel".

Je länger wir mit jemandem zusammen sind, desto mehr gehen wir einander unter die Haut. Wir leben unsere Frustration und Angst aneinander aus. Wir werden eifersüchtig. Wir entdecken Aspekte in der Persönlichkeit des anderen, die wir nicht mögen und verändern wollen. Wir machen einander klein. Wir versuchen, die andere Person zu kontrollieren, indem wir ihr Lehrer, Guru, Therapeut, Mutter oder Vater werden. Wir wetteifern miteinander oder fühlen uns bedroht, wenn der andere sich verändert, lebendiger, sexueller, wütender oder verletzlicher wird. Wir möchten, dass der andere sich um uns kümmert. Wir erwarten von der anderen Person, sich so zu verhalten und zu sein, wie wir es wollen, vielleicht sogar die Person zu sein, die wir am Beginn der Beziehung in sie hinein projiziert haben.

Wir verurteilen, kritisieren, analysieren, manipulieren und täuschen den anderen, weil wir wollen, dass die Dinge so sind, wie wir es wünschen. Wahrscheinlich haben wir sogar feste Vorstellungen darüber, was die andere Person uns geben sollte, vor allem im Sex, und das ist vielleicht nicht das, was wir bekommen. Wir werden unehrlich und versuchen, unsere Unehrlichkeit auf alle möglichen Arten zu verbergen. Wir werden nachtragend und nehmen auf versteckte Weise Rache. Wir werden aggressiv und dominant oder passiv und zurückhaltend. Wir schüchtern unseren Partner ein. Wir verhalten uns wie ein Kind und erwarten vom Anderen, dass er sich um uns kümmert, unsere Probleme löst, uns unsere Ängste nimmt oder unsere Fragen beantwortet. Oder umgekehrt, wir spielen den Erwachsenen, der für alles verantwortlich ist, sorgt und gebraucht wird.

Eine Frau berichtete in einer Sitzung, dass sie litt, weil „ein Mann, mit dem ich eine heiße und leidenschaftliche Affäre hatte, mich verließ und zu seiner Frau zurückging."

„Warum hat er die Affäre beendet?", fragten wir.

„Er fand mich zu fordernd und zu bedürftig."

Im weiteren Verlauf kam heraus, dass sie seit fünfzehn Jahren verheiratet war und zwei Kinder hatte. „Ich hatte die Affäre, weil mein Ehemann ein langweiliger Liebhaber ist."

„Was meinst du mit langweilig?", fragten wir.

„Er ist nicht kreativ, leidenschaftlich oder sensibel, wenn wir Liebe machen."

„Hast du jemals mit deinem Mann darüber gesprochen, zu

versuchen, euer Sexleben zu verbessern, indem ihr zusammen zu einem Therapeuten oder zu Sexualität-Workshops geht?"

„Ich denke nicht, dass er sich je ändern wird."

„Hast du deinem Mann von der Affäre erzählt?", fragten wir.

„Nein, natürlich nicht! Wenn er es wüsste, würde er mich sofort verlassen."

Bei unserer Arbeit treffen wir oft auf Paare, die es gewohnt sind, in unehrlichen Beziehungen zu leben. In jeder langfristigen Beziehung gibt es genug Stoff, um Machtspiele zu entwickeln und wenn zwei nicht miteinander in Liebe und Verständnis wachsen, werden die Machtspiele weitergehen und nicht aufgelöst werden. Und besonders wenn Machtspiele unbewusst ablaufen, bestimmen sie, wie wir uns aufeinander beziehen und wie wir Liebe miteinander machen. Irgendwann werden sie zum Gift für die Liebe und den Sex. Um Liebe aufzubauen, braucht es Respekt und Empfindsamkeit für uns selbst und den Anderen, und die Bereitschaft, stets diesen Respekt und diese Empfindsamkeit beizubehalten. Machtspiele zerstören dieses zarte Vertrauen, das zwei Menschen miteinander aufbauen können.

Die Wurzeln unserer Machtspiele

Eine Frau in unserem Kurs hatte sich vor kurzem von ihrem Freund getrennt, weil er sexuell gewalttätig geworden war. Als wir tiefer forschten, gab sie zu, dass sie die Gewohnheit hatte, Männer mit ihren Forderungen und ihrer Kritik zu quälen, und dass es ihr wohler war, zu kämpfen, als ihre Verletzlichkeit zu zeigen. Sie wusste, dass die Angst von der konfliktreichen Beziehung mit ihrem Vater her kam, aber sie konnte das Muster nicht ändern. (Oft benutzen wir Entdeckungen aus unserer Kindheit als Entschuldigung, um unsere Muster und unsere

Machtspiele zu rechtfertigen und sie fortzuführen. Wegen ihrer Angst, sich zu öffnen und verletzlich zu sein, fand sie es sicherer und vertrauter, Machtspiele mit Männern zu spielen. In ihren Beziehungen entwickelte sie Rachestrategien, war passiv aggressiv und sexuell fordernd. Sie provozierte die Männer so lange, bis diese gewalttätig wurden, worauf sie sich missbraucht fühlte und ging. Diese Erfahrungen bestätigten immer wieder ihre Überzeugung, dass es nicht sicher ist, sich zu öffnen und verletzlich zu sein.

Wir spielen Machtspiele ...

- weil wir Angst haben, verletzt, missbraucht oder zurückgewiesen zu werden, wenn wir verletzlich sind.
- weil wir uns unserer Macht nicht sicher sind und unsere Identität voller Scham und Gefühlen der Unzulänglichkeit ist.
- weil wir glauben, dass wir beherrscht und kontrolliert werden, wenn wir es nicht selbst tun oder unser Gesicht vor uns oder unserem Partner verlieren.
- wenn wir unsere eigene Vision und Kreativität für die Beziehung aufgeben.

Es braucht Mut, einander unsere Verletzlichkeit, unsere Wunden und Ängste zu zeigen und damit das Risiko einzugehen, uns selbst in Momenten, die für uns wichtig sind, treu zu bleiben. Es ist einfacher zu kämpfen oder uns zurückzuziehen, das geht schon automatisch und entspricht unserer Gewohnheit.

Einer unserer Klienten bekam ein Jobangebot, das er sich seit Jahren gewünscht hatte, aber seine Partnerin beklagte sich, dass er dann einen Großteil seiner Zeit auf Reisen und nicht bei ihr wäre. Er zögerte, das Angebot anzunehmen und bat um sechs

Monate Bedenkzeit. Aber er merkte, dass er zunehmend deprimiert wurde und seine Lust auf Sex nachließ. Schließlich, nach einigem inneren Ringen und mit unserer Unterstützung, beschloss er, die Arbeit anzunehmen. Er folgte jetzt seiner Energie und damit verbesserten sich die Beziehung und der Sex.

Oft stellen wir uns unseren tieferen Ängsten nicht, sprechen nicht miteinander darüber und erkennen nicht, was unter den Konflikten liegt. Wir streiten lieber, vielleicht, weil wir nichts anderes kennen. Außerdem löst Streit auch einen gewissen Nervenkitzel aus und wir genießen vielleicht die Herausforderung und die Aufregung des Kampfes. Wenn zwei Menschen ungelöste Machtkämpfe miteinander haben, hat ihre sexuelle Beziehung eine bestimmte Struktur: sie streiten, um sich dann mit leidenschaftlichem Sex zu versöhnen. Das Drama erregt sie. Dieses Muster ist schmerzhaft, verletzend und anstrengend und nutzt sich schnell ab. Eine große Veränderung setzt ein, sobald wir unsere verletzliche Seite zeigen; bis dahin werden unsere Beziehung und unser Sex von Kriegsspielen dominiert.

Ich (Krish) weiß aus eigener Erfahrung, dass ich, wenn ich verletzt war, zuerst den Anderen beschuldigt oder mich von ihm abgegrenzt habe. Wenn es beim Sex passierte, war es noch stärker. Im Lauf der Jahre habe ich gelernt, dass diese Reaktion nur meinen eigenen und den Schmerz der anderen Person verlängert. Mit Amana fühlte ich mich sicher und konnte mich öffnen, weil sie kein Interesse an Machtspielen hat. Wenn sie auftauchen, können wir sie schnell unterbrechen, weil wir beide Schmerz fühlen, wenn wir nicht miteinander verbunden sind.

Manchmal brauchen wir ein wenig Zeit für uns selbst, bevor wir wieder zusammenkommen und offen miteinander sprechen können. Wenn wir mit einer inneren Ladung ankommen, ist es schwierig oder unmöglich zu reden. Diese Technik haben wir von Harville Hendricks übernommen; siehe Referenzen.

Zuerst fragen wir, ob der Andere Raum und Zeit hat, uns zuzuhören. Dann versuchen wir, uns mitzuteilen, ohne Schuldzuweisungen oder Erwartungen. Der Eine hört einfach zu und spiegelt zurück, was er verstanden hat, um sicherzustellen, dass es korrekt ist. Anschließend kann sich der Zuhörer auf die gleiche Weise mitteilen. Es braucht etwas Übung, aber mittlerweile beherrschen wir es ziemlich gut und können so verhindern, dass sich Vorwürfe zwischen uns aufbauen. Damit Liebe und Vertrauen frei fließen können, ist es außerordentlich wichtig, dass beide Partner die Bereitschaft haben, alles, was sich in den Weg stellt, zu bereinigen.

Beispiele für die üblichen Kriegsspiele

Ein Paar, mit dem wir arbeiteten, wirkte nach außen sanft und süß miteinander, aber wenn sie alleine waren, stritten sie ständig. Er hasste es, wenn sie sich wie ein kleines Mädchen benahm und sie hasste es, wenn er sich wie ein dominanter, rasender Chauvinist aufführte. Als Antwort auf sein tyrannisches Verhalten wechselte sie zwischen „in Schock gehen" und zurückschlagen. Ihre Lieblingsrache war es, mit anderen ins Bett zu gehen. Als er eines Tages die Kontrolle verlor und sie schlug, zahlte sie es ihm heim, indem sie den Sex mit ihm verweigerte. Und so ging es immer weiter.

Ein anderes Paar hatte Streit, weil er fand, dass er kein Mann sein konnte, solange sie nicht verletzlicher, empfänglicher und offener wurde. Sie sagte, solange er sich nicht wie ein Mann verhielt, fühle sie sich nicht sicher genug, um verletzlich und offen zu sein. Im Sex hatte er das Gefühl, er konnte nicht als Mann in seiner Kraft sein, wenn sie nicht empfänglicher wurde. Schließlich hatte sie eine Affäre mit einem anderen Mann und erzählte ihrem Partner, dass sie sich mit diesem neuen Mann völlig rezeptiv fühlen konnte, weil er präsent und zentriert sei, wenn sie Liebe machten und dass sie sich dadurch öffnen konnte. Sie brauchte einfach einen Mann der „total in seiner Energie war", damit sie sich öffnen konnte. Seine Reaktion auf ihre Rache war natürlich die Trennung.

> Kriegsspiele eskalieren schnell. Darauf zu
> warten, dass die andere Person aufhört,
> sich verletzlich zeigt und sich öffnet,
> ist einfach ein weiteres Kriegsspiel.
> Machtkämpfe werden von Angst bestimmt.
> Um unsere Kriegsspiele so schnell wie möglich
> zu unterbrechen, müssen wir mit der Angst,
> die sie antreibt, Verbindung aufnehmen.
> Wir müssen das Risiko eingehen, die Angst
> zu fühlen und zu zeigen.

Der wütende Penis oder die wütende Vagina

In einem Training erzählte eine Frau, dass sie das Gefühl hatte, ihr Mann benütze seinen Penis im Sex wie eine Waffe, und dass er seinen Zorn auf sie und vielleicht auf Frauen im Allgemeinen auf diese Weise auslebte.

Sex kann unterdrückte Wut auf das andere Geschlecht an die Oberfläche bringen. Viele von uns tragen Vorwürfe an den gegengeschlechtlichen Elternteil in uns. Wir tragen ihnen nach, dass sie unsere Grenzen nicht geachtet haben, wir respektlos behandelt oder sogar missbraucht wurden. Oft sind wir uns nicht bewusst, dass wir voller Vorwürfe sind, sie können jedoch ganz plötzlich beim Liebemachen hochkommen.

Wir nennen das „den wütenden Penis" oder „die wütende Vagina".

Ein Mann war während seiner Kindheit das emotionale Rettungsseil seiner Mutter. Er gestand, dass er manchmal, wenn er Sex hatte, die Frau mit seinem Penis nur verletzen wollte. Er wollte sich rächen oder ihr beweisen, dass er der Boss war und dass sie genau das tun sollte, was er sagte.

Ein anderer Teilnehmer erzählte uns, dass er, wann immer er eine Frau sah, die er attraktiv fand, sich vorstellte, wie er sie auszog und dann auf harte und gewaltsame Weise Sex mit ihr hatte. Er erzählte, dass er sich seit seinem zwölften Lebensjahr zwanghaft zu Pornografie hingezogen fühlte und dass er früher Beziehungen mit Frauen gehabt hatte, die ausschließlich auf Sex basierten; der Sex mit ihnen war hart und gewalttätig und er konnte ihn nach einer Weile nicht mehr ertragen. All dies sind Manifestationen des wütenden Penis. Seine Mutter war eine unglückliche und angespannte Frau, die eine schmerzvolle, unverbundene Beziehung mit seinem Vater führte. Sie hatte das Gefühl, dass Männer gewalttätig und sexbesessen waren und gab ihm die Botschaft mit, dass Sex ekelerregend und schamvoll war.

Wenn wir Teilnehmer bitten, auszudrücken, was ihr wütender Penis oder ihre wütende Vagina sagt, machen sie Aussagen wie:

Frauen:
- „Jetzt gehörst du mir!"
- „Du kriegst mich nicht!"
- „Du kannst mir nie genug geben!"
- „Komm und nimm mich und ich werd's dir zeigen!"
- „Ich werde dich nicht reinlassen!"
- „Ich werde dich fressen!"
- „Ich werde dich nicht gehen lassen!"
- „Ich kann mit dir machen, was ich will!"

Männer:
- „Ich werde dich nicht befriedigen!"
- „Ich werde dich befriedigen, wie noch kein Mann zuvor!"
- „Ich will dich vergewaltigen!"
- „Ich will dich umbringen!"
- „Ich will dich beherrschen!"
- „Ich werde dich für immer und ewig ficken!"
- „Du gehörst mir!"
- „Ich will, dass du meine Macht spürst!"
- „Ich will, dass du spürst, wie sehr du mich willst!"

Obwohl die meisten von uns Wut und Groll in sich tragen, ist Sex nicht der geeignete Platz, um das auszuagieren. Wenn wir dennoch unseren Zorn, unsere Wut und unsere Rachegelüste im Sex austoben, kann es leicht passieren, dass wir einander traumatisieren und das Vertrauen zwischen uns zerbricht.

Gesünder für die Person und die Beziehung ist es, mit dieser Energie in einem therapeutischen Rahmen zu arbeiten. Darum ist es wichtig, zu verstehen, wo sie herkommt. Sehr oft ist der wütende Penis eine Kompensation für Gefühle der Unterdrückung, Kastration und Demütigung in der Kindheit.

Männer haben eine tiefe Kastrationswunde. Diese ist, bewusst oder unbewusst, mit ihrer Mutter und dem kollektiv Weiblichen verbunden. Sie empfinden die Kastrationswunde möglicherweise als Leere in den Genitalien. Aber anstatt die Leere der Angst zu fühlen, kompensieren sie und versuchen sexuelle Leistung zu erbringen, um ihre Macht zu beweisen. Oder sie werden gewalttätig, weil es sich vielleicht so anfühlt, als wäre die Frau schuld an diesem Gefühl der Impotenz.

Andrew erzählte, dass er, wenn er Liebe machte, Zorn und das Verlangen spürte „der Frau das Hirn rauszuficken", wie er es ausdrückte. Als wir ihn baten, tiefer in diese Energie zu gehen und zu sagen, was hochkam, meinte er: „Ich will ihr meine Potenz beweisen. Ich will sie unterwerfen. Ich will meine Macht über die Frau spüren und fühlen, dass sie meine Sexsklavin ist. Ich will spüren, dass sie sich gleichzeitig von mir angezogen fühlt und vor mir Angst hat." Andrews Vater war beim Militär und misshandelte ihn als Kind regelmäßig. Er fühlte immer noch die Demütigung, die ihm sein Vater zugefügt hatte und er trug den Zorn seines Vaters noch in seinem Körper.

Ein Mann erzählte uns über die Zeit mit seiner mittlerweile Ex-Frau, die Alkoholikerin war. Die beiden machten Liebe, wenn sie betrunken war und spielten mit Fesselung und anderen Sexspielen. Wenn er jetzt zurückschaut, realisiert er, dass er sich selbst verriet, indem er bei dieser Art Sex mitgemacht hatte. Auf eine gestörte Weise war es ein Weg, die unausgedrückte Wut, die die beiden aufeinander hatten, auszuleben. Seitdem hat er ein intensives Programm mit Workshops und Einzeltherapie angefangen und arbeitet mit seinem Zorn. Jetzt, da er einen anderen Weg gefunden hat, seine Wut auszudrücken, kann er sich nicht vorstellen, jemals wieder auf diese Weise Liebe zu machen.

Männer brauchen Mut, um Gefühle von Impotenz und Leere in ihren Genitalien zu fühlen und noch mehr Mut, sich damit einer Frau zu zeigen. Es hilft zu verstehen, dass die endlose Anstrengung, potent zu sein, nutzlos ist und dass Kompensation im Normalfall nur unseren Selbstrespekt und unsere Würde schmälern. Wenn wir uns in das fallenlassen,

was unter den Machtspielen liegt und uns
erlauben, die Kastrationswunde zu fühlen,
öffnet das eine Tür zu wirklicher Stärke.
Einer Stärke, die durch Offenheit und
Entspannung entsteht – nicht durch Leistung,
Druck und Gewalt.

Viele Frauen haben aus ihrer Vergangenheit schwere Vorwürfe an ihren Vater oder andere männliche Erwachsene, die unsensibel und grenzüberschreitend ihnen gegenüber waren.

Eine Frau kam in einen unserer Kurse und beschwerte sich vom ersten Moment an: Das Essen war furchtbar, der Ort hässlich und ungemütlich und bei so vielen Leuten im Raum konnte sie sich nicht öffnen. Als wir ihr ein paar Fragen stellten, war sie außer sich darüber, wie oberflächlich die Fragen waren und wie wenig wir mit ihr in Kontakt waren.

Aber mit der Zeit erreichten wir den Ursprung ihres Zornes. Sie hatte einige Jahre zuvor entdeckt, dass ihr Vater sie sexuell missbraucht hatte und er weigerte sich, dies zuzugeben. Sie hielt die Beziehung mit ihm aufrecht, weil „er mein Vater ist ", stieß aber jeden Mann von sich, der versuchte, ihr nahe zu kommen. Da sie sehr hübsch war, hatte sie viele Angebote. Aber früher oder später fand sie immer irgendeinen Grund, die Männer abzuweisen. Während sie erzählte, wurde sie immer verletzlicher und ehrlicher. „Früher", sagte sie, „hatte ich keine Probleme, mich auf Männer einzulassen und auch kein Problem mit Sex. Wenn mir jetzt ein Mann nahe kommt, fühle ich nichts außer rasendem Zorn."

Wir erklärten ihr, dass ihr Zorn zu erwarten war und dadurch verstärkt wurde, dass sie die Beziehung mit ihrem Vater aufrechterhielt, der leugnete, was er getan hatte und sich weigerte, den Schmerz und Schaden, den er ihr zugefügt hatte, zu fühlen.

Selbst Frauen, die nicht sexuell missbraucht wurden, haben guten Grund, auf Männer zornig zu sein – nicht zuletzt wegen jahrhundertelanger Unterdrückung. Dieser Zorn ist im kollektiv Weiblichen gespeichert. Er ist eine mächtige Energie und kann leicht durch Sex an die Oberfläche kommen.

Wie bei Männern kann sich diese Energie als das Verlangen zeigen, den Partner zu dominieren, ihm Schmerzen zuzufügen, oder darin, gar keine sexuellen Gefühle zu haben. Ob Mann oder Frau, es ist wichtig, die Feindseligkeit und die Vorwürfe, die wir in uns tragen, zu erkennen, und kreativere Wege zu finden, damit zu arbeiten, als sie im Schlafzimmer (oder in jedem anderen Zimmer, in dem wir Liebe machen) auszuagieren.

Machtspiele fallenlassen

Im Bewusstsein, dass das Loslassen von Machtspielen ein Prozess ist, der Zeit braucht, möchten wir die Schritte, die wir dafür als nötig erachten, durchgehen.

1. Das Kriegsspiel erkennen

Ein erster Schritt, um Kriegsspiele loszulassen, ist es, zu merken, wenn wir in einem sind. Ein Zeichen dafür ist, wenn wir unseren Fokus darauf richten, die andere Person und ihr Verhalten zu beeinflussen. Machtspiele spürt man auf eine bestimmte Art im Körper. Wenn wir darauf achten, können wir die Gewalt in unserer Energie und die Besessenheit, mit der unser Verhalten und unsere Gedanken auf die andere Person gerichtet sind, fühlen.

Wenn wir uns in einem Kriegsspiel befinden, gibt es auch das zwanghafte, irrationale Gefühl, dass es nicht sicher ist, sich verletzlich zu zeigen. Es ist auch hilfreich, sich der eigenen speziellen Machtspiele bewusst zu werden und zu beobachten, wie gewohnheitsmäßig und automatisch sie sind.

Während es ein großer Schritt in Richtung Transformation ist, unsere Kriegsspiele zu erkennen und zu beobachten, müssen wir auch an den Punkt kommen, zu erkennen, dass sie alte, zerstörerische Muster sind, die nur dazu da sind, andere von uns wegzustoßen. Machtkämpfe tun weh, und wir zahlen einen hohen Preis, wenn wir sie spielen. Wir fühlen uns getrennt, feindselig, nicht liebevoll, ungeliebt und isoliert. Zu Beginn wollen wir wahrscheinlich unsere Wut und Verteidigung rechtfertigen, wenn wir fühlen, dass uns Unrecht widerfahren ist.

Aber irgendwann können wir vielleicht sehen, dass der Preis dafür, in unserer Rüstung zu bleiben, zu hoch ist. Wir brauchen möglicherweise Zeit, unsere Wunden zu lecken und uns zu beruhigen. Aber dann, wenn die Bereitschaft da ist, über die Machtkämpfe hinaus zu gehen, können wir unseren Stolz fallenlassen und zu unserem Partner kommen, in einem aufrichtigen Versuch, den Konflikt zu lösen.

2. Angst und Scham, die sich hinter den Kriegsspielen verstecken, fühlen und sichtbar werden lassen

Ein zweiter Schritt, Kriegsspiele zu beenden, ist, die Angst und die Scham, die dahinter liegen, zu fühlen und mitzuteilen. Wenn wir dazu bereit sind, können wir unsere gewohnten Machtspiele aufgeben, indem wir uns auf eine tiefere Ebene begeben.

Das bedeutet, nicht nur zu verstehen, wo Angst und Scham herkommen, sondern setzt auch die aufrichtige Bereitschaft voraus, sie zu fühlen *und* unserem Partner zu zeigen. Die Angst, die unter dem Machtspiel liegt, ist, verlassen oder ausgenützt zu werden. Die Scham kann sein, dass wir uns wertlos und nicht liebenswert fühlen und nicht stolz auf uns selbst als Mann oder Frau sind.

> Wenn wir nicht stolz auf uns selbst sind,
> ist es schwierig, jemanden nahe an uns heran
> zu lassen. Durch Machtspiele halten wir die
> andere Person von uns fern.

3. Lernen, Grenzen zu setzen

Wir kämpfen, wenn wir kein Vertrauen in unsere Fähigkeit haben, Grenzen zu setzen und dafür einzustehen. Wir fürchten uns, Grenzen zu setzen, weil wir Angst haben, den Zorn, Schmerz oder Unmut der anderen Person zu provozieren und weil wir nicht allein sein können.

Sandra ist seit sieben Monaten mit einem Mann zusammen und erzählt uns, dass sie mit ihm auf eine Weise Liebe macht, die nicht befriedigend für sie ist. Er möchte vor allem Oralsex und sie fühlt, dass sie das nicht länger will. Aber sie hat zuviel Angst, ihn zu verlieren, um zu widersprechen.

Rachel ist seit zehn Jahren mit ihrem Mann verheiratet, ist aber nicht mehr zufrieden mit dem Sex. Sie möchte sich mehr Zeit lassen, damit ein Verschmelzen passieren kann und nicht so fokussiert auf Erregung und Orgasmus sein. Aber sie hat Schwierigkeiten, ihm das zu sagen, weil sie Angst hat, dass er nicht akzeptieren oder verstehen würde, was sie will.

> Wenn wir einen Punkt erreichen, an dem es sich
> besser anfühlt, alleine zu sein, als uns untreu zu
> werden, und wir feststellen, dass wir den Zorn,
> Unmut oder die Zurückweisung unseres Partners
> aushalten können, dann können wir langsam
> lernen, Grenzen zu setzen.

An diesem Punkt passiert eine dramatische Veränderung in

unserem Leben. Der Zorn und das Verlangen, uns zu rächen, beginnen zu verschwinden. Zu Beginn sind da zu viel Angst und Schock, um die Geistesgegenwart zu haben, „Nein" sagen zu können, wenn etwas sich nicht richtig anfühlt. Die meisten von uns sind konditioniert, „Ja" zu sagen und die Harmonie aufrecht zu erhalten, aus Angst vor Bestrafung und Liebesverlust. So verraten wir uns selbst und unseren Körper. Wenn wir uns selbst verraten, schämen wir uns und diese Scham bringt uns dazu, uns noch mehr zu verraten – ein Teufelskreis.

Wenn wir anfangen zu heilen, kommt oft Zorn hoch – auf die Menschen, für die wir uns verraten haben und auf uns selbst dafür, dass wir es getan haben. Das ist eine Phase, durch die wir durch müssen. Indem unser Schock heilt und wir immer mehr mit uns selbst und unserer Körpererfahrung in Verbindung bleiben können, wird es immer leichter, „Nein" zu sagen, wenn sich etwas nicht gut anfühlt. Und dann können wir uns dafür entscheiden, uns selbst und unseren Körper nicht mehr zu verraten und die Konsequenzen, wie auch immer sie aussehen mögen, zu tragen. Das bringt ein enormes Gefühl von Würde und Selbstrespekt.

4. Lernen, den Schmerz der anderen Person zu fühlen und anzuhören

Ein Paar kam zu uns, das im Streit war und mit der Entscheidung schwankte sich zu trennen oder nicht. Beide fühlten sich zutiefst missverstanden und ließen ihren Schmerz in Form von Wut am anderen aus. Als wir sie baten, zu erzählen, was die Verletzung war, begannen beide zuerst die andere Person zu beschuldigen. Sie sagte: „Du nimmst dir nie genug Zeit, dass wir zusammen sein können!"

Er antwortete: „Du hast keine Ahnung, wie viel Verantwortung ich zu tragen habe mit meiner Arbeit, meinem Kind (aus vorheriger Ehe) und dann muss ich auch noch Zeit für dich schaffen." Aber als wir sie fragten, ob sie bereit waren, den Schmerz hinter dem Zorn der anderen Person anzuhören und zu fühlen, entspannten sie sich. Beide sagten, dass sie sich vor allem wünschten, sich gehört und angenommen zu fühlen. Allmählich wurden ihre Herzen weicher und sie lernten, einander zuzuhören.

Der Antrieb für unsere Kriegsspiele ist oft die Verzweiflung, gehört werden zu wollen. Wenn wir einander das geben können, entspannt sich etwas in uns. Den Schmerz und die Bedürfnisse unseres Partners anzuhören, bedeutet nicht, dass wir verpflichtet sind, seine Wünsche zu erfüllen. Oft (natürlich nicht immer) ist es uns nicht mehr so wichtig, alle unsere Bedürfnisse befriedigt zu bekommen, wenn wir uns gehört fühlen. Manchmal sind uns so die Knöpfe gedrückt und wir sind so emotional, dass wir den Raum nicht haben, zuzuhören. Aber später können wir zusammenkommen und einander in dem Wissen anhören, dass unsere Machtkämpfe und Konflikte aus Angst und Unsicherheit kommen.

5. Liebesspiele statt Kriegsspiele

Kriegsspiele säen Samen des Vorwurfs, Zorns und des Vertrauensverlustes. Letztendlich ist es unsere Wahl, ob wir Liebe oder Krieg machen wollen. Es ist wichtig, unterscheiden zu können, was was ist. Gewalt, Forderungen, Unterwerfung, Kontrolle, Schuldzuweisung, Wutanfälle, Unverantwortlichkeit und Rücksichtslosigkeit, der anderen Person sagen, was sie tun und wie sie sein sollte, all dies sind Kriegsspiele. Wir beginnen, Liebesspiele zu spielen, wenn wir uns selbst und unseren Partner wertschätzen. Wenn wir lieben, sind wir bereit, die andere Person zu fühlen und anzuhören. Wir lieben, wenn wir uns selbst und dem Anderen Respekt zollen und Freiheit geben.

Übung, um Machtspiele fallen zu lassen

Schritt 1: Erkenne, wenn du dich in einem Machtspiel befindest oder wenn du dich getrennt von deinem Partner fühlst, wütend auf ihn bist oder dich durch ihn verletzt fühlst. Das kannst du tun, indem du wahrnimmst, wie sich ein Machtspiel in dir anfühlt – wie du es in deinem Körper spürst, wie du sprichst und handelst.

Schritt 2: Nimm dir Zeit, mit dir selbst zu sein und zu fühlen, was das in dir auslöst. Erlaube dir, den Schmerz, die Angst oder die Unsicherheit zu fühlen, die hinter dem Zorn oder dem Spiel liegen.

Schritt 3: Wenn du fühlst, dass du dich deinem Partner nähern kannst, ohne ihn zu beschuldigen, ohne Erwartungen oder das Verlangen, ihn oder sie zu verändern, dann frage, ob er oder sie Zeit hat, dir zuzuhören. Begrenzt euer Mitteilen auf zehn Minuten.

Schritt 4: Teile deine Verletzung, deine Angst oder Unsicherheit mit, während dein Partner einfach zuhört. „Als das passiert ist (oder als du das gesagt oder getan hast), fühlte ich ..." „Und das erinnert mich an früher, als ..." Wenn du bemerkst, dass du beschuldigst oder willst, dass die andere Person sich verändern soll, nimm wahr, dass du dich wieder in einem Machtspiel befindest. Fang noch mal an. Dein Partner kann das, was du gesagt hast, spiegeln und du kannst mitteilen, ob er oder sie dich richtig gehört hat.

Schritt 5: Lade jetzt deinen Partner ein zu sprechen: „Ich würde gerne hören, wie es für dich ist." (Ohne Beschuldigung, Erwartung oder dich ändern zu wollen). Jetzt bist du dran zuzuhören.

8. Kapitel

Ich kann nicht mit dir und nicht ohne dich

Die Herausforderung, sich zu öffnen

MANCHMAL PASSIERT ES, DASS WIR BEIM LIEBEMACHEN TIEFE INNERE Räume unseres Seins betreten und Ekstase erleben. Diese Erfahrungen sind möglich, ohne dass wir mit unserer Verletzlichkeit in Kontakt sein oder sie unserem Partner zeigen müssen.

Wenn wir also mehrere Sexpartner haben, kann es sein, dass wir so das Risiko minimieren, mit unserer Verletzlichkeit sichtbar zu werden. Mit einem Intimpartner ist das schwieriger. Manchmal können wir mit ihm/ihr Ekstase und tiefe Verbundenheit erleben, ein anderes Mal können wir aber auch in tiefe Abgründe von Scham und Angst hinabsteigen, wie in den vorherigen Kapiteln beschrieben.

Wir können uns unsicher, hässlich, ungeliebt, nicht liebenswert erleben und dass uns energetisch nicht begegnet wurde; wir können empfinden, dass der Partner sich nicht um uns kümmert, wir verlassen sind oder unsere Grenzen überschritten wurden und fühlen uns nach der Begegnung ungenährt, traurig oder wütend. Viele von uns unterschätzen immer wieder, wie unendlich empfindsam wir sind. Wir können zwar oberflächliche Beziehungen und aufregenden, unterhaltsamen Sex haben, wirklich genährt fühlen wir uns davon aber nicht.

Es gibt einen Ort in uns, zu dem wir selten jemandem Zutritt gewähren. Wir nennen es unser „Innerstes Heiligtum". Es ist möglich, sogar üblich, jahrelang mit jemand zusammen zu sein und dem Menschen niemals zu erlauben, dieses „Innere Heiligtum" zu berühren.

> **So Liebe zu machen, dass wir einander wirklich im Kern begegnen, ist ein Risiko. Erst wenn wir uns selbst besser spüren, können wir tiefe Intimität und eine gesunde Sexualität entwickeln.**

Durch Traumata in unserer Vergangenheit haben wir zwei wichtige Eigenschaften verloren. Die eine ist, unsere Grenzen zu spüren und sie angemessen zu setzen. Die andere ist, ein inneres Gefühl für uns selbst zu haben, das unberührt davon bleibt, was andere denken und von uns wollen oder erwarten. Wenn wir beginnen, diese beiden Qualitäten zurückzuerlangen, wird es einfacher, Verletzlichkeit beim Sex zuzulassen und, was wichtiger ist, du kannst jemandem erlauben, dein „Inneres Heiligtum" zu betreten.

Beziehung an der Peripherie

WENN WIR KEIN INNERES GEFÜHL für unser Selbst entwickelt haben und unsere Grenzen nicht kennen, tendieren unsere Beziehungen und unsere Sexualität dazu, oberflächlich zu bleiben und bestimmten Mustern zu folgen. Dabei gibt es vier ausgeprägte Beziehungsstile, vier verschiedene Muster, wie wir unser regrediertes Kind ausagieren lassen.

- **Der verwirrte Stil** – Wir verlieren uns in der anderen Person.
- **Der isolierte Stil** – Wir erlauben niemandem, uns zu nahe zu kommen.

- **Der hysterische Stil** – Unsere Beziehungen und unser Sex sind voller Drama und Intensität, haben aber wenig Tiefe und wirkliche Intimität.
- **Der Machtstil** – Unsere Beziehungen und unsere Sexualität sind von Machtspielen bestimmt, die unsere Verletzlichkeit überdecken.

1. Der verwirrte Stil

Bei diesem Stil versuchen wir, jemanden zu finden, zu dem wir aufschauen können und hoffen, dass er oder sie uns von unserer Angst befreien wird. Wir geben unsere Macht und Verantwortung ab und stellen die Überzeugung und Meinung der anderen Person über unsere eigene. Wir idealisieren den anderen und lassen ihn ohne näheres Hinsehen in unser Inneres. Wenn die andere Person vom Sockel fällt, werden wir schnell desillusioniert, fühlen uns verraten und sind verärgert, dass wir ihr geglaubt haben und ihrem Rat gefolgt sind. Auf einer tieferen Ebene sind wir vielleicht sogar wütend auf uns selbst, weil wir keine intelligenteren Grenzen gesetzt haben.

Patrizia verliebte sich in einen Mann, der zwanzig Jahre älter war und sich in einer Langzeitbeziehung mit einer anderen Frau befand. Er war reich und charismatisch und sie fühlte sich geschmeichelt, dass er sich für sie interessierte und liebte seine Aufmerksamkeit. Er sagte ihr von Anfang an, dass es für ihn nur eine temporäre Affäre sei; seine feste Partnerin war für zwei Monate verreist und er würde sie sicher nicht verlassen. Patrizia meinte, dass das keine Rolle spiele, sie wollte trotzdem mit ihm zusammen sein und ihre Verbindung genießen, solange es ging. Sie verbrachten eine intensive Zeit miteinander, und nach zwei Monaten beendete er die Affäre, wie er gesagt hatte.

Als er ging, war sie am Boden zerstört und machte ihn bei all ihren gemeinsamen Freunden schlecht. Sie fühlte sich benutzt und verraten und konnte nicht verstehen, wie er so unsensibel und herzlos sein konnte. Sie hatte ihn näher kommen lassen als je einen anderen Mann in ihrem Leben und konnte nicht begreifen, wie jemand, der so intim mit ihr gewesen war, einfach aufstehen und gehen konnte.

Im Berufsleben war sie zwar stark und sicher, aber wenn es um Intimität ging, verlor Patrizia leicht ihr Gefühl für sich selbst, und konnte die andere Person oder die Situation nicht als das sehen, was sie war.

2. Der isolierte Stil

Hier agieren wir unser regrediertes Kind aus, indem wir uns gewohnheitsmäßig in unsere Höhle zurückziehen und stets Distanz zu der Person halten, der wir nahe sind. Wir sind in unserer Beziehung eher kühl und abgeklärt.

Christian und Loretta sind seit acht Jahren verheiratet und haben zwei Kinder. Loretta kam in erster Linie, um mit uns zu arbeiten, weil sie in ihrer Vergangenheit sexuell traumatisiert worden war, aber sie war auch unglücklich in ihrer Ehe. Sie erzählte, dass Christian sehr introvertiert war und sich kaum öffnete. Er lebte in seiner eigenen Welt. Selbst beim Liebemachen war er wie abwesend, nicht wirklich da. Sie hatte auf verschiedene Arten versucht, ihn zu erreichen und fügte hinzu, dass sie „leider manchmal sehr emotional" auf seine Abwesenheit reagierte.

Im folgenden Jahr kam Christian zu einem Workshop. Wir begegneten einem äußerst empfindsamen Mann, der so im Schock und in seiner eigenen Welt war, dass er kaum sprach. Nach dem Seminar hörten wir zwei Jahre nichts von ihm, aber Loretta erzählte uns, dass er in der Zwischenzeit begonnen hatte, sie etwas näher an sich heran zu lassen und zu kommunizieren, dann aber schnell wieder in seine eigene Welt zurückkehrte.

Obwohl dieses Beispiel etwas extrem ist, so zeigt es doch die wesentlichen Aspekte dieses Beziehungsstils auf. Selbst wenn man sich von anderen isoliert, besonders vom eigenen Partner, findet man Wege, sich zu nähren, ohne dass Menschen involviert sind. Vielleicht sind wir in dem Zustand in Kontakt mit unserer Empfindsamkeit, unseren Ängsten und unserer Scham, aber wir erlauben anderen keinen Zutritt. Wir sind wahrscheinlich sehr einsam, aber oft sind wir so abgetrennt von unseren Gefühlen, dass wir die Einsamkeit gar nicht spüren. Wir haben die Tendenz, in Beziehungen oder im Sex nicht präsent zu sein, denn offen zu sein macht uns schreckliche Angst. Wir fühlen uns zu unsicher, um jemandem zu erlauben, uns in unserem Inneren zu berühren. Es kann sogar sein, dass wir Beziehung und Sex ganz vermeiden oder mit jemandem ohne Offenheit und wirkliche Nähe zusammenleben. Und manchmal kommt es vor, dass wir allen Kontakt mit anderen vermeiden.

Das war der Fall bei einem jungen Mann, der zu uns kam. Er war extrem schüchtern und eingefroren, sprach nur, wenn man ihn ansprach und, obwohl er sich zu Frauen hingezogen fühlte, hatte er noch nie mit einer geschlafen oder sich auch nur verabredet. In den angeleiteten Meditationen ging er immer sehr tief, aber in den Übungen, in denen es darum ging, sich mitzuteilen, hatte er große Mühe. Er fand einfach keine Worte, um auszudrücken, was er in seiner inneren Welt erlebte. Als wir ihm halfen, konnte er sagen, dass er schon als kleines Kind aufgehört hatte, sich auf andere zu beziehen, weil er fühlte, dass niemand ihn verstand oder sich auch nur die Mühe machte, ihm zuzuhören. Er verurteilte sich schrecklich dafür, so unkommunikativ zu sein und fühlte sich wie ein Versager. Er versuchte herauszufinden, was er mit seinem Leben anfangen solle, war jedoch verwirrt und hatte Angst, seinen erfolgreichen, wohlhabenden und mächtigen Vater zu enttäuschen. Er fühlte sich verloren, einsam und isoliert. Er sagte: „Was macht es für einen Sinn, mich mitzuteilen, wenn ich so durcheinander bin."

Aber als er sich öffnete, spürte er, dass es einfacher war, in einer Umgebung zu sprechen, wo Menschen zuhörten und sich interessierten. Allmählich fiel es ihm leichter, sich auszudrücken und er begann in seinem Inneren eine Freude zu empfinden, die er seit langem nicht gefühlt hatte.

Das gilt übrigens für alle Beziehungsstile, die wir beschreiben. Wenn wir den Mut finden, uns aus unserer Verletzlichkeit heraus mitzuteilen, bekommen wir die Nahrung, nach der wir uns sehnen.

3. Der hysterische Stil

Edward und Marta sind seit drei Jahren ein Paar und seit sie zusammen sind, ist ihre Beziehung ein einziges Drama. Sie fordert energisch seine Zeit und Energie ein und geht auf die Palme, wenn sie nicht bekommt, was sie will. Zuerst sagt sie ihm, was sie möchte, aber wenn er nicht so reagiert, wie sie es will, wird sie wütend und besteht hartnäckig darauf. Seine Reaktionen sind unterschiedlich. Manchmal macht er mit, manchmal nicht. Aber in beiden Fällen fühlt er sich manipuliert und trägt es ihr nach. Er hat zuviel Angst, um klare, liebevolle Grenzen zu setzen, und wenn er auf ihre Forderungen mit Zorn reagiert, macht das ihre Panik nur noch größer. Schließlich eskaliert das Ganze in Schreiereien bis hin zu körperlicher Gewalt. Weil beide soviel Angst haben und nicht in sich selbst zu Hause sind, drücken sie sich ständig die Knöpfe und fühlen sich immer missverstanden und verraten.

In diesem Stil agieren wir unser regrediertes Kind aus, indem wir unaufhörlich Dramen inszenieren, da wir äußerst empfindlich gegenüber Zurückweisung und Missbilligung sind. Wir lassen uns mit Leidenschaft ein, sind aber ständig auf der Hut vor

Verrat, ja, erwarten ihn sogar. Wir wollen Nähe und Kontakt, sind aber voller Misstrauen, dass jemand unsensibel mit uns sein oder unsere Bedürfnisse nicht erfüllen können wird. Wir können uns öffnen, aber nur unter der Bedingung, dass die andere Person uns so behandelt, wie wir es erwarten (was nicht wirklich ein Öffnen ist), und wenn er oder sie das nicht tut, verschließen wir uns in Wut oder Resignation.

Wenn wir uns betrogen fühlen, was natürlich passieren wird, wird unser Misstrauen bestätigt und wir sind dann noch mehr überzeugt, dass wirkliche Nähe und Liebe nicht möglich sind. Und wir sind ganz sicher, dass die andere Person schuld am Scheitern der Beziehung hat: Er oder sie ist einfach nicht sensibel genug, um unsere Offenheit und unser Vertrauen zu verdienen. Dieser Stil ist das perfekte Milieu für Kriegsspiele: Es geht immer hin und her zwischen intensiver Leidenschaft und intensiver Auseinandersetzung, zwischen heißem „Zusammensein" und wütender Distanz.

Wenn Menschen mit diesem Muster ihre Ängste mitteilen, ist das oft fordernd und manipulativ – mit der versteckten Erwartung, dass die andere Person sie retten soll.

4. Der Machtstil

Bei diesem Stil sind wir darauf fixiert, Wege zu finden, Kontrolle zu behalten und Macht über die andere Person zu haben.

Samuels Freundin beklagte sich darüber, dass er ständig Affären hatte und ihr nicht erlaubte, ihm wirklich nahe zu kommen. Sobald er sich mit ihr verletzlich fühlte, sabotierte er die Nähe, indem er eine Nacht mit einer anderen Frau verbrachte. Auf diese Art stellte er sicher, dass er in der Machtposition blieb.

Peter, ein erfolgreicher Workshopleiter, hatte bisher immer leidenschaftliche Beziehungen, die nicht lange hielten. Vor kurzem ist er einer Frau begegnet, bei der er zum ersten Mal in seinem Leben das Gefühl hat, dass er sie nicht verlieren möchte. Das ist ein riesiger Schritt für ihn, aber er drückt ihr oft die Knöpfe, wenn er die Rolle des Guru spielt, ihr nicht zuhört und so tut, als hätte er die „Wahrheit" gepachtet. Es ist noch schwierig für ihn zu sehen, dass er dieses Machtspiel verwendet, um die Kontrolle zu behalten und in Deckung zu bleiben.

Bei diesem Stil sind unsere Grenzen starr und unsere Beziehungen von Stellungskriegen und Machtspielen bestimmt. Wir glauben vielleicht sogar, dass wir der anderen Person nahe sind, weil wir nie erfahren haben, was wirkliche Nähe ist. Wir fühlen uns sicher, denn wir lassen niemanden an uns ran und sind mit Strategien beschäftigt. Im Sex koppeln wir uns von unserer Verletzlichkeit ab und machen Liebe, um Leidenschaft und Macht zu fühlen. Die Ausstrahlung von Distanz und Macht mag anfangs anziehend wirken, aber irgendwann ist man enttäuscht, frustriert und wütend, weil die Person sich nicht öffnet.

Eine andere Form des Machtstils ist es, den Retter zu spielen. Der Retter ist mit den Bedürfnissen des Anderen beschäftigt und gibt jederzeit gute Ratschläge. So muss er seine eigenen Ängste und Unsicherheiten nicht fühlen. Helfer, Lehrer oder Guru zu sein, fühlt sich für das Ego gut an, früher oder später wird die Person, über die wir Macht haben, es uns jedoch vorwerfen. Denn niemand fühlt sich gerne ewig abhängig und wie ein Kind behandelt. Menschen, die den verwirrten Stil leben, werden schnell zur Beute von Menschen, die den Machtstil pflegen, „geblendet vom Licht" der Machtperson, die das ausnutzt.

> Alle vier Muster haben Eines gemeinsam –
> es sind Strukturen, mit denen wir uns schützen,
> um uns nicht zu öffnen. Je nachdem, welches
> emotionale Make-up wir wählen, leben wir eines
> der Muster oder eine Kombination daraus,

um unsere Mauer aufrecht zu erhalten und zu
verhindern, dass jemand zu uns vordringt.
Diese Muster zeigen auch, wie wir uns im Sex
gegenseitig ausspielen oder auch unsere
Sexualität sabotieren.

Die Tiefe unserer Empfindsamkeit

Wir fragen uns oft, warum es so schwierig ist, jemandem zu vertrauen und ihn wirklich nahe kommen zu lassen oder warum
selbst in längeren Beziehungen der Partner sich immer noch wie
ein Fremder für uns anfühlt.

Wenn unser Fokus vor allem auf andere Menschen und welt-
liche Ziele gerichtet ist, haben wir vielleicht wenig Kontakt mit
unserer Innenwelt und sind uns der Tiefe unserer Empfindsamkeit nicht bewusst.

In einer Übung, die wir in unserer Arbeit machen, fragen wir
die Teilnehmer, wie es sich anfühlt, wenn sie ihren innersten
Raum für eine andere Person öffnen. Manche kennen diesen
Raum kaum und haben Mühe zu verstehen, wovon wir sprechen. Andere sagen, dass sie zögern, jemanden so nahe zu
lassen, weil sie realisieren, dass sie diesen inneren Ort selbst
nicht kennen. Oder sie sagen, dass sie ihn nie mit einer anderen
Person geteilt haben, weil sie nicht wissen wie.

Andere haben Angst, verlassen, überfahren, nicht angenom-
men, verstanden oder gesehen zu werden, oder dass die andere
Person sie verurteilen wird. Trotzdem haben viele eine große
Sehnsucht danach, sich einem anderen Menschen in dieser
Intimität zu zeigen.

Der Verlust des inneren Empfindens für uns selbst

Normalerweise wird unsere Empfindsamkeit nicht gefördert und gerät daher leicht in Vergessenheit. Wenn wir den Kontakt mit uns selbst verlieren, verlieren wir die Verbindung zu unserem Kern und wenn wir diese Verbindung nicht mehr haben, verlieren wir uns in der äußerlichen Erfahrung von uns selbst. Das ist den meisten von uns passiert. Diese äußere Erfahrung unseres Selbst basiert auf Rollen, die wir gelernt haben, Bildern von uns, die wir im Laufe der Zeit angenommen haben, und auf den Dingen, von denen wir glauben, dass sie entweder von uns erwartet werden oder uns Liebe und Anerkennung bringen.

> Anstatt mit einem inneren Raum verbunden
> zu sein, der in unserem intuitiven Sein verankert
> ist, bauen wir unser Selbstgefühl auf starren
> Rollen, Regeln, Normen und Überzeugungen
> und auf innere und äußere Erwartungen. Unsere
> Ausrichtung und unser Selbstwertgefühl sind
> abhängig von Anerkennung und Lob und
> definieren sich durch äußerliche Leistungen.

Manchmal fragen wir Gruppenteilnehmer, was sie ihrer Meinung nach als Person wertvoll macht. Ausnahmslos beginnen sie dann, Eigenschaften aufzuzählen: sensibel, intelligent, großzügig, lebendig, spirituell und so weiter. Wir antworten darauf. „Nein, falsch. Du bist wertvoll, weil *du bist, weil du existierst.* Punkt." Es schafft enormen Stress, wenn wir unseren Selbstwert auf Ideen gründen, wie wir sein sollten, oder auf die Meinung anderer, auf Dinge oder Rollen – anstatt in uns selbst zu ruhen. Aber aufgrund unserer Konditionierungen haben wir uns weit von unserem wirklichen Zuhause entfernt.

Der erste Schritt zurück zu uns ist, zu realisieren, wie viel unserer Energie auf das Außen fokussiert ist. Das kann uns motivieren, einen anderen Bezugspunkt zu finden, etwas, das in unserem Sein und in unserer natürlichen Intelligenz verankert ist. Wenn wir uns von diesem neuen Ort aus fühlen können, wird es einfacher, jemandem zu erlauben, uns wirklich nahe zu kommen.

Es war eine lange, aber auch schöne Reise, diesen Ort in mir zu finden, wo ich (Krish) mich sicher genug fühlen konnte, um wirkliche Intimität zuzulassen. Zu Beginn war ich vollkommen auf das Feedback von außen fokussiert, um mich fühlen und akzeptieren zu können. Aber durch Jahre der Meditation und Arbeit an mir selbst habe ich mich allmählich gefunden. Ich habe gelernt, meinem Körper, der unendlich viel weiser ist als mein Verstand, zuzuhören. Und ich habe gelernt, einem gewissen Gefühl in mir zu vertrauen, dafür was „richtig" ist und das schwer in Worte zu fassen ist. Im Lauf der Zeit fühlte ich, wie ich immer mehr einem inneren Fluss folgen konnte. Es ist dann so, dass ich und das Leben einfach geschehen, ohne dass ich mir Druck machen oder mich antreiben muss. Aber alte Gewohnheiten sterben langsam und ich muss immer noch ein achtsames Auge darauf haben, wenn ich mich in alten Mustern verliere.

Der Verlust unserer persönlichen Grenzen

Ohne die Fähigkeit, unsere persönlichen Grenzen zu spüren und zu setzen, ist es sehr schwer, sich zu öffnen. Wenn wir nicht die Kraft haben „Nein" zu sagen, wenn etwas nicht für uns stimmt, fühlt es sich gefährlich an, jemanden zu uns herein zu lassen, besonders beim Sex. Als Kind sind wir schutzlos und kennen keine Grenzen; in unserem unschuldigen Vertrauen erlauben wir Anderen, willkürlich einzutreten. Da die Menschen, die uns aufgezogen haben, meist auch gelernt haben, sich abzuspalten, treten sie in unseren kostbaren inneren Raum, ohne seine zarte Empfindsamkeit zu respektieren.

> Grenzüberschreitungen bewirkten zweierlei.
> Erstens wurden wir unseres eigentlichen Wesens entfremdet und haben dadurch unsere Wurzeln, das, was uns mit uns selbst verbindet, verloren.
> Zweitens tragen wir die Erinnerung in uns, dass Menschen, die wir liebten und denen wir vertrauten, respektlos mit uns umgegangen sind.
> Wir entwickeln dann bewusst oder unbewusst die Überzeugung, dass es gefährlich ist, jemanden nahe kommen zu lassen.

Ein Kind hat weder die Kraft noch das Verständnis, Grenzen zu setzen. Wenn seine Grenzen überschritten werden und es nicht fähig ist „Nein" zu sagen, geht es in einen Schockzustand. Es friert ein und geht innerlich weg (dissoziiert) in dem verzweifelten Versuch, trotz des Übergriffs ein Stück Sicherheit zu finden.

Die Folge davon ist oft, dass wir als Erwachsene kein Gefühl dafür haben, wie wir uns schützen können – uns oder unseren Körper. Und so erlauben wir heute noch, dass unsere Grenzen überschritten werden, teils, weil wir es nicht gelernt haben, sie zu setzen, teils aus Hunger nach Liebe und Anerkennung oder aus Angst vor Bestrafung, Zorn oder Missbilligung.

Häufig sind wir uns nicht einmal bewusst, dass unsere Grenzen überschritten wurden, weil wir daran gewöhnt sind, so behandelt zu werden. Wir haben uns so weit in uns selbst zurückgezogen, dass wir es nicht einmal als Übergriff wahrnehmen, wenn jemand unseren Körper missbraucht.

Deswegen kommt uns der Gedanke, „Nein" zu sagen, gar nicht. Als wir dieses Thema in einem Seminar besprachen, erzählte eine Frau, dass sie immer geglaubt hatte, der einzige Weg einen Mann zu bekommen, sei, ihm Sex, wie er ihn wollte, anzubieten. Ihr ganzes Erwachsenenleben lang hatte sie ihre Grenzen und ihren Körper übergangen.

Ein Mann sagte, dass er sein Leben lang den Zwang hatte, es anderen recht zu machen. Schon der Gedanke, Nein zu sagen, machte ihm soviel Angst, dass er ihn sofort wieder fallen ließ.

Wenn unsere Grenzen verletzt werden, zerbricht unser Selbst, wir verlieren den Boden unter den Füßen, unsere Sicherheit und unsere Mitte. Wir haben dann entweder ganz starre, undurchlässige Grenzen, oder gar keine. Wenn wir nicht bewusst und klar wählen können, ob, wann und wie wir jemandem erlauben wollen, uns nahe zu kommen, erleben wir keine wirkliche Intimität. Wenn wir jemandem erlauben, in unser Inneres vorzudringen, ohne wirklich hingespürt zu haben, werden wir es der Person nachtragen, wenn sie uns nicht so behandelt, wie wir es möchten. Und wenn wir Menschen ganz aussperren, bleibt uns der Schmerz der Isolation.

Wenn der Schmerz über den Verrat an uns selbst größer wird als die Angst vor den Konsequenzen des Grenzensetzens, erlangen wir unsere Würde zurück. Und natürlich kommt dabei die Angst hoch, bestraft zu werden, die Angst vor Disharmonie, davor, die andere Person zu verletzen und vor allem die Angst vor Zurückweisung und Einsamkeit. Aber der Schmerz, respektlos mit uns selbst zu sein, ist größer. Indem wir den kleinsten Schritt in Richtung „Nein sagen" machen,

> wenn sich etwas nicht richtig anfühlt, ganz
> besonders beim Sex, verändert sich unsere
> Einstellung und wir gewinnen unsere
> verloren gegangene Würde zurück.

Wir hören immer wieder von denen, die es wagten, Grenzen zu setzen, dass die Reaktionen darauf ganz anders ausfallen, als sie es sich vorstellten.

Uns selbst wiederentdecken

Der Prozess des Nachhausekommens beginnt, wenn wir sehen können, dass uns etwas fehlt – nicht im Außen, sondern in unserem Inneren. Wir merken, dass wir unser Leben als Sklave von Identitäten, Rollen und Überzeugungen gelebt haben, die wir für selbstverständlich hielten. Wenn wir genauer hinschauen, fangen wir vielleicht an, Glaubenssätze, die man uns beigebracht hat und nach denen wir bisher gelebt haben, in Frage zu stellen. Manche dieser Werte stimmen vielleicht nicht mehr für uns. Diese Einsicht kann sich auf all die Rollen, Glaubenssätze und auf unsere Identität ausdehnen. Und während sie von uns abfallen, kann es zu einer Identitätskrise kommen. So beängstigend und verstörend dies sein kann, ist es auch sehr positiv, weil sie uns vom Falschen trennt und für die reale Welt öffnet.

Ein Teilnehmer erzählte, dass eine tiefe Depression ihn dazu motiviert hatte, an unserem Training teilzunehmen. Er war verheiratet, Vater von drei Teenagern und hatte ein angenehmes Leben im Überfluss gelebt – bis vor vier Jahren. Da veränderte sich etwas. Alles erschien ihm leer und farblos. Er fühlte keine sexuelle Anziehung mehr zu seiner Frau, er kündigte seine Arbeit und ging zu Ärzten und Psychiatern, um herauszufinden, was mit ihm los war. Er wurde gründlich untersucht – ohne Resultat – und probierte verschiedene Antidepressiva, nichts half. Seine Frau wollte die Scheidung. Die einzige Aktivität, die ihm ein gewisses Maß an Freude brachte, war, mit seinen Kindern zu sein. Er buchte unser Training in der Hoffnung, dass unser alternativer Heilungsansatz helfen könnte. Er beschrieb eine tiefe Identitätskrise. Sein altes Leben machte keinen Sinn mehr für ihn. Er befand sich in einem schmerzvollen Zwischenraum …

Meist ist es genau so eine Krise, die uns motiviert, uns selbst zu finden.

Ein wesentlicher Schritt auf dem Weg der Selbstentdeckung ist es, uns Zeit für uns selbst zu nehmen – weg von der Außenwelt mit ihren festen Rollen, Machtspielen, dem Streben nach Respekt, Anerkennung, Erfolg und Sicherheit.

Oft zwingen uns Ereignisse und Erfahrungen zu dieser Veränderung, ohne dass wir uns bewusst dafür entschieden haben, wie bei dem Mann in unserem Seminar. Wenn das passiert, stoßen wir gewöhnlich zuerst auf tiefe Ängste, die wir bisher vermieden haben. Und wir spüren vielleicht eine tiefe Sinnlosigkeit und Trauer, weil wir in der Art, wie wir bisher gelebt und woran wir geglaubt haben, die Falschheit sehen können. Wenn wir mit dem Wissen, dass dies ein wesentlicher Teil der Reise nach Innen ist, tiefer gehen, werden wir einen neuen Sinn finden. Wir werden Boden gewinnen durch etwas, das tiefer und nährender ist als alles, was wir bisher gekannt haben. Aber wir müssen uns dem Schmerz, vor dem wir davongelaufen sind, erst stellen, um diese Fülle zu erreichen. Wenn wir uns auf diesen Prozess einlassen, beginnt unsere Kreativität aus unserem inneren Selbst heraus zu fließen und hat sie eine andere Qualität. Sie ist natürlich, weniger getrieben.

Eine neue Art, in Beziehung zu sein

Wenn wir begonnen haben, uns selbst kennenzulernen und mehr Vertrauen in unsere Fähigkeit, Grenzen zu setzen, haben, verändert sich die Beziehung mit uns und anderen grundlegend. Wir haben eine neue Art der Wertschätzung für uns selbst und andere. Wir spüren die Empfindsamkeit anderer Menschen und fühlen, wie viel Feinfühligkeit es erfordert, Intimität aufzubauen. Wenn wir uns für einen anderen Menschen öffnen und das Vertrauen wächst, beginnen wir die intimsten inneren Räume miteinander zu teilen, ohne viele Worte oder irgendein Tun. Es passiert einfach. Um jemanden in diesen zerbrechlichen inneren Raum einlassen zu können, brauchen wir jedoch eine gewisse Verankerung in unserem eigenen Sein. Diese wächst, je mehr wir im Einklang mit unserer eigenen Wahrheit leben.

Hier sind ein paar Punkte, die unserer Erfahrung nach helfen, uns in unserem Sein zu verwurzeln:

- Ehrlicher mit uns selbst und anderen zu werden.

- Unsere eigenen Bedürfnisse genügend zu respektieren und aufzuhören, unseren Körper und uns selbst zu übergehen.

- Uns mit Menschen zu umgeben, von denen wir uns geliebt und unterstützt fühlen und uns ein Umfeld zu schaffen, das uns nährt.

- Unsere Kreativität und andere Aspekte unserer essenziellen Lebensenergie auszudrücken, trotz Angst vor Zurückweisung und Versagen.

- Zu beginnen, unser Leben auf eine Art zu leben, auf die wir stolz sind. Das beinhaltet die Art und Weise, wie wir in Beziehung sind, was wir essen, wie wir handeln und wie wir unsere Tage verbringen.

Wenn wir erkennen, wie sensibel und verletzlich wir in Wahrheit sind und wir die Zerbrechlichkeit dieses gegenseitigen Vertrauens respektieren, dann können wir uns wirklich begegnen.
Zerbrochenes Vertrauen kann repariert werden – aber nur, wenn wir ein tiefes Verständnis davon haben, wie delikat die Verbindung zweier Menschen auf dieser Ebene der Intimität ist.

Das bedeutet, den Schmerz, den wir der anderen Person zugefügt haben, zu fühlen. Auf dieser Stufe der Empfindsamkeit beginnen wir zu verstehen, was Liebe ist. Solange wir diese Sensibilität nicht ehren und pflegen, zerstören wir die Liebe.

Damit zwei Menschen sich in tiefem Vertrauen begegnen können, müssen sie ihrer beider Ängste in ihr Herz aufnehmen und diese so beschützen, als wären sie ein kostbarer Schatz.

Es braucht Zeit und die Bereitschaft, uns selbst zu spüren und zu verstehen, bevor wir uns sicher genug fühlen, uns einem anderen Menschen anzuvertrauen. Wenn wir uns unserer Feinfühligkeit und unseres Wertes bewusst werden, werden wir allmählich mit unserer eigenen Verwundbarkeit vertraut und respektieren uns selbst genug, um zu entscheiden, ob, wann und wie viel wir uns für jemanden öffnen möchten.

TEIL 3

Die Heilung

9. Kapitel

Empfindsam für uns selbst werden

Wie Verletzlichkeit beim Sex da sein kann

WENN ANGST UND UNSICHERHEIT BEIM SEX AUFTAUCHEN, IST ES ganz natürlich, nicht mehr Liebe machen zu wollen, innerlich wegzugehen oder einen neuen Partner zu suchen, der nicht diese Gefühle bei uns auslöst. Viele Paare, mit denen wir gearbeitet haben, haben keinen Sex mehr und verstehen nicht wirklich, warum. Manche haben sich damit arrangiert, dass Sex der Vergangenheit angehört. Wir finden diese Situation sehr schade, weil zwei Menschen, die schon lange zusammen sind und sich immer noch lieben, mit etwas mehr Verständnis leicht neue Wege des Liebemachens finden können, die die Verletzlichkeit einbeziehen. Es ist vielleicht nicht mehr so „sexy" und heiß wie vorher, aber es kann nährender sein.

In diesem Kapitel möchten wir über eine neue Art des Liebemachens sprechen, bei der unsere Ängste und Unsicherheiten da sein können.

Unsere Verletzlichkeit anerkennen

Wenn wir uns entschieden haben, mit der Kompensation aufzuhören, oder uns zumindest bewusst zu werden, wie wir kompensieren, schaffen wir den Raum, um unsere Unsicherheiten zu fühlen und sie anzunehmen. So können wir verstehen, dass sexuelle Funktionsstörungen Symptome der Angst sind. Es erfordert Mut, das zu akzeptieren, weil wir vielleicht von vielen Seiten aufgefordert werden, diese Ängste zu verleugnen, zu verurteilen oder wegzuschieben. Manche Menschen können ihre Schwierigkeiten und Ängste beim Sex nicht akzeptieren, weil ihr Partner ein Problem damit hat. Aber wenn wir es selbst nicht tun, können wir nicht erwarten, dass unser Partner es tut.

Harold, ein empfindsamer Mann Anfang Vierzig, erzählte uns, dass er verstört war, weil er sich von der Frau, die er sehr liebte und mit der er lebte, zwanghaft distanzierte. Vor allem wenn er mit ihr schlief, bemerkte er, wie er innerlich wegging. Sie beschwerte sich darüber und drohte schließlich, ihn zu verlassen, wenn sich nichts änderte. Als wir die Situation mit ihm untersuchten, kam heraus, dass er sich besonders stark distanzierte, wenn sie leidenschaftlichen Sex hatten. Er bestand aber darauf, auf diese Art mit ihr Liebe zu machen, weil sie es mochte. Schließlich gab er aber zu, dass er Angst hatte, ihren Erwartungen nicht zu entsprechen. Er wollte ein potenter Kerl sein, und dahinter lag eine schreckliche Angst vor Frauen.

Es gibt machtvolle innere Stimmen, die es uns schwer machen, unsere Unsicherheiten im Sex anzuerkennen und anzunehmen. Stimmen, wie:

- „Du machst aus einer Mücke einen Elefanten!"
- „Nun mach schon, beweg deine Energie!"
- „Was ist los mit dir?"
- „Wovor hast du solche Angst?"
- „Du erfindest immer wieder Ausreden, um abzuhauen!"
- „Du Feigling!"
- „Du bist ein/e schrecklicher Liebhaber/in!"
- „Du hast ganz einfach Angst vor Nähe!"
- „Du benutzt deine Vergangenheit als Ausrede!"

Aus Filmen und Büchern haben wir ein Konzept im Kopf, was perfekter Sex ist oder wir haben andere von ihren „fantastischen" sexuellen Erfahrungen erzählen hören. Wenn wir uns schämen, vergleichen wir oder setzen uns mit Ideen von „besserem" Sex unter Druck. Das ist nicht sehr hilfreich, um mit dem zu sein, was ist.

Einer unserer Klienten ist ständig auf der Jagd nach der perfekten sexuellen Erfahrung. Es ist fast eine Religion für ihn. Er ist in keiner intimen Beziehung und ziemlich abgespalten von seiner Verletzlichkeit. Die Idee vom „perfekten Sex" treibt ihn an und gibt seinem Leben einen Sinn. Er ist erstaunt, warum er keine Intimität in seinem Leben hat.

Wenn wir Vorstellungen und Erwartungen an uns selbst haben, haben wir diese auch an den Partner, und das kreiert Spannung und beschädigt das Vertrauen. Verletzlichkeit anzuerkennen, heißt, liebevoll anzunehmen, was hochkommt – bei beiden.

Sigmund, ein Mann Ende Vierzig, ist seit sechs Monaten mit einer Frau zusammen und sagt, dass es die beste Beziehung seines Lebens ist. Weil er so verliebt ist, fühlt er sich auch verletzlicher als sonst und ist besorgt, weil seine „Erektion nicht mehr so hart und zuverlässig ist wie früher". Wir erklärten ihm, dass er empfänglicher für Schock und Dysfunktion sei, weil er diese Frau so sehr liebt. Er beginnt wahrscheinlich, unbekannte, beängstigende Orte in seinem Inneren zu berühren, die diese Unsicherheit auslösen. Seine Liebe zu dieser neuen Frau lässt die üblichen Kompensationen und Schutzmechanismen verschwinden. Er hat kein Problem mit der Verletzlichkeit, aber er ist alles andere als glücklich darüber, dass seine Potenz davon beeinträchtigt ist. Er kann sich nicht vorstellen, dass eine Frau mit ihm zusammen sein will, wenn er nicht „hart wie Stahl" ist.

Wir müssen eine neue Basis für die Liebe finden, wenn wir

unsere Funktionsstörung als ein Symptom der Angst sehen können. Wenn wir immer noch glauben, dass Liebe auf sexueller Leistung basiert, werden wir nicht zulassen, dass Angst und Unsicherheit hochkommen. Sigmund konnte so lange „problemlosen" Sex genießen, bis er sich *wirklich* verliebte. Jetzt ist er gezwungen, sich tiefere Schichten seines Seins anzuschauen, die er vorher ignorieren konnte.

Unsere Verletzlichkeit da sein zu lassen, bedeutet auch, eine Funktionsstörung oder Angst anzunehmen, von der wir nicht wissen, woher sie kommt.

Regina erzählte, dass ihre Vagina sich beim Liebemachen zusammenzog und ihr Freund sie beschuldigte, ihn kastrieren zu wollen. Sie verstand nicht, warum das passierte und schämte sich fürchterlich. Sie dachte sogar, dass ihr Freund vielleicht recht hatte und sie wirklich heimlich versuchte, ihn zu kastrieren. Wir erklärten ihr, dass die Muskelanspannung in ihrer Vagina ein Zeichen für Angst und Misstrauen war. Es erleichterte sie, das zu hören, aber sie hatte keine Erinnerung an irgendwelchen sexuellen Missbrauch.

Wir meinten, dass es wichtiger für sie war, die Angst zuzulassen, als über ihren Ursprung nachzugrübeln. Angst, die sich in der Vagina zeigt, bedeutet nicht unbedingt sexuelles Trauma. Es heißt einfach, dass man sich aus irgendeinem Grund in diesem Moment nicht sicher fühlt. Regina fand ihre Körperreaktion immer noch übertrieben und wollte sich schneller für ihren Freund öffnen. Der Druck machte die Dinge nur noch schlimmer, weil sie ihre Verletzlichkeit nicht zuließ.

Den Körper spüren und auf ihn hören

Je mehr wir uns selbst ernst nehmen, umso wacher werden wir für die Momente, in denen wir uns verletzlich fühlen. Der einfachste Weg, den wir kennen, ist zu lernen, auf den Körper zu hören. Dies ist der zweite Schritt, feinfühliger mit uns selbst umzugehen. Unser Körper ist unendlich sensibel, aber wenn wir in Erregung sind oder verzweifelt versuchen, sexuelle Leistung zu bringen, hören wir nicht hin.

Wir müssen also langsamer werden, um den Körper fühlen und ihn hören zu können. Angst und Unsicherheit können subtil sein und sehr schnell einsetzen, vor allem beim Liebemachen. In einem Moment fühlen wir uns sicher und offen und im nächsten sind wir eingefroren oder stecken in tiefer Scham. Wir sind uns dessen vielleicht nicht bewusst, aber es kann sein, dass Gedanken das überlagern, was im Körper passiert. Plötzlich wollen wir uns verstecken und allein sein, obwohl alles bisher wunderbar gelaufen ist. Oder wir merken, dass wir auf einmal unseren Partner verurteilen. Wir wissen nicht, warum sich unsere Emotionen oder unser Körper verändert haben. Es kann eine Bewegung unseres Partners sein, ein Blick oder eine Berührung, die unsere Reaktion auslöste.

Wenn wir nicht langsamer werden, übergehen wir ganz leicht diesen kurzen Moment der Angst. Dann kompensieren wir, indem wir entweder schneller werden oder aus dem Körper gehen. Wir machen vielleicht weiter Liebe, sind aber nicht mehr anwesend.

Empfindungen, nach denen wir Ausschau halten können:

- Zusammenziehen, Schmerz, Enge, Taubheit oder Leeregefühl in den Genitalien

- Zusammenziehen, flacher Atem, Zittern oder ein leeres, hohles Gefühl in der Brust
- Beschleunigter Puls
- Hitze- oder Kältegefühl im Körper und in den Extremitäten
- Gefühl von Enge im Bauch/Solarplexus, Nacken, Rücken oder in anderen Körperteilen
- Ruhelosigkeit oder Müdigkeit
- Unwohlsein

Es aussprechen

Sexuelle Scham und Geheimnisse mitteilen

Manchmal schämen wir uns so sehr für etwas, das mit unserer Sexualität zu tun hat, dass wir es sogar vor unserem intimen Partner verstecken. Vielleicht ist es ein Familiengeheimnis, eine Fantasie, eine Funktionsstörung oder eine Perversion. Wenn wir es verbergen, nagt es an uns und stört die Intimität.

Wenn wir riskieren, auszusprechen, worüber wir uns schämen, ist das sehr ermächtigend. Was immer ans Licht der Bewusstheit kommt, wird schwächer. Wenn wir uns mitteilen, erlösen wir uns nicht nur von der Last, die wir in uns getragen haben, wir entdecken außerdem, dass die Anderen auch Geheimnisse haben.

Eine Frau erzählte ihrem Freund, dass sie ein sexuelles Trauma hatte und bat ihn darum, beim Liebemachen langsam zu sein. Er antwortete, dass er die Schnauze voll hatte von diesem „verwundeten Kinderkram" und wollte es nicht hören.

Unsere Verletzlichkeit zu zeigen, kann uns auch zu der Erkenntnis verhelfen, dass unsere Partnerschaft nicht nährend ist, weil es keinen sicheren Rahmen gibt, verletzlich zu sein. Wir haben niemals die Garantie, dass die Umwelt so auf uns reagiert, wie wir uns das wünschen, wenn wir empfindliche Themen ansprechen, aber nach unserer Erfahrung ist es das Risiko wert. Wenn wir uns mitteilen, sehen wir auch Verbindungen zwischen unseren Traumata aus der Vergangenheit und unserem Leben und unserer Sexualität heute.

Rachel erzählte in einer Gruppe, dass sie seit mehreren Jahren große Probleme mit ihrer Verdauung hatte. Sie fühlte, dass sie darüber sprechen musste, weil sie sich so schämte. Im weiteren Gespräch kam heraus, dass sie von ihrem Vater sexuell missbraucht worden war. Sie hatte keine Ahnung, dass diese beiden – ihre Gesundheitsprobleme und ihr Missbrauch – zusammenhingen. Aber während sie weiter von sich erzählte, konnte sie ihre innere Unsicherheit spüren, und wie sie den Missbrauch kleingemacht hatte, um nicht zu fühlen, wie er ihren Körper und ihr Leben beeinträchtigte.

Wenn wir uns mitteilen, geht es auch darum, ganz spezifische Dinge, für die wir uns schämen, zu benennen, vielleicht etwas an unserem Körper oder etwas, was unsere Sexualität im Allgemeinen betrifft. Ein Mann berichtete, dass er seiner Partnerin gestanden hatte, dass er sich schämte, weil seine Erektion nicht so hart war. Sie antwortete, dass sie es nicht mochte, wenn der Penis zu hart war und sie ihn etwas weicher viel liebevoller und sensibler fand.

Ein Anderer erzählte uns, dass er anfing, Viagra zu nehmen, ohne es seiner Frau zu sagen. Aber als sie Liebe machten, fühlte sie, dass etwas anders war und war verwirrt. Als er zugab, dass er Viagra genommen hatte, war sie sauer, dass er ihr nichts gesagt hatte, weil sie spürte, dass er kompensierte – und weniger präsent war.

Je verletzlicher wir sein können, umso präsenter werden wir und was immer wir zurückhalten, verringert unsere Fähigkeit, wirklich da zu sein.

Über unseren sexuellen Missbrauch sprechen

Unserer Erfahrung nach ist es essenziell, wenn wir in einer intimen Beziehung sind, dass unser Partner davon weiß, wenn wir sexuellen Missbrauch erlebt haben. Wir finden es auch wichtig, dass beide Partner im Bilde darüber sind, was das für das Liebemachen bedeutet. Sonst kann es sein, dass wir den Einfluss, den der Missbrauch auf unser heutiges Leben und unsere Sexualität hat, herunterspielen.

Angela war von ihrem Vater sexuell missbraucht worden und war als Teenager magersüchtig. Ihre Mutter beschützte sie nicht vor den sexuellen Übergriffen ihres Vaters, zusätzlich spielte sie Angelas Ängste und Unsicherheiten während ihrer gesamten Kindheit herunter. Heute, als Erwachsene, bemerkt sie, dass sie ihren Mann sexuell und emotional von sich weist und ihn manchmal ohne ersichtlichen Grund attackiert.

Als sie zum ersten Mal zu uns kam, sagte sie, dass sie das Gefühl hatte, ihr Trauma zu übertreiben, und dass ihr „verletztes Kind" sich darin suhle. Im Laufe der Zeit konnte sie sehen, wie sehr sie sich in Schock befand und wie groß ihre Angst war, irgendjemanden, vor allem einen Mann, nahe kommen zu lassen.

Wir möchten betonen, dass die Details eines Missbrauchs nicht der wichtigste Teil der Heilung sind, um zu einer gesunden, nährenden Sexualität zu finden. Oft sind die Tatumstände eines Traumas unklar und verwirrend. Manchmal wissen wir nicht, was genau passiert ist oder verwechseln sogar die Personen. Uns selbst und anderen beweisen zu wollen, was geschehen ist, kann uns in die Irre führen. Was wirklich zählt, ist, anzuerkennen, dass wir auf grundlegende

Art traumatisiert wurden und dass unsere
Sexualität heute darunter leidet. Das Wichtigste
ist, über den Missbrauch zu sprechen.

Es mag sein, dass wir die Ursache nicht kennen, wo unsere
Ängste herkommen. Aber wenn unsere Sexualität gestört ist,
gibt es einen Grund dafür. Wenn wir nicht verstehen, dass Angst
und Unsicherheit die Folge eines Traumas sind, kann es leicht
passieren, dass wir uns schuldig fühlen und uns schämen.
Vielleicht werden wir nie herausfinden, wo die Angst und der
Schock herkommen. Es reicht, Funktionsstörungen, Körper-
symptome und Ängste mit der Tatsache zu verbinden, dass wir
uns in der Vergangenheit nicht sicher gefühlt haben und das
Empfinden hatten, dass unsere Grenzen verletzt wurden.

Wie sieht es mit Fantasien und Sexspielzeug aus?

Wenn es darum geht, sexuelle Perversionen und Fantasien zu
erzählen, begeben wir uns auf heikles Terrain. Wir persönlich
sind nicht dafür, durch Fantasien, Sexspielzeug, Orgien oder
einer *Menage à trois*, den Sex anzuheizen. Und zwar, weil es zu
„objektivem Sex" führt.

Fantasien und Hilfsmittel sind oft Symptome einer unterdrückten Sexualität, persönlicher Unsicherheit oder ungeklärter
zwischenmenschlicher Konflikte. Unserer Erfahrung nach ist es
wichtig, sie mitzuteilen, da sie sonst Distanz, Unehrlichkeit,
Schuld und Misstrauen kreieren. Es ist aber auch wichtig, herauszufinden, was hinter den Fantasien liegt, sonst kann beides –
sie zu verheimlichen oder sie auszusprechen – der Beziehung
schaden. Fantasien können Distanz zwischen uns und unserem
Partner schaffen und uns dazu verleiten, ihn oder sie als Sexobjekt zu betrachten, ohne die Intimität und Nähe zu vertiefen.
Wenn wir sie erzählen und uns gleichzeitig mit der darunter

liegenden Angst und Scham zeigen, macht es uns verletzlicher.

Ein Mann erzählte uns, dass er regelmäßig heimlich Porno-filme auslieh oder sie im Internet anschaute. Als er schließlich den Mut fand, seiner Frau davon zu erzählen, war sie bestürzt. Sie war zwar froh, dass er es ihr gesagt hatte, aber sie wollte, dass er damit aufhörte. Er war bereit, sich selbst und ihr gegenüber zuzugeben, dass es eine Sucht war und Hilfe zu suchen.

Ein anderer Mann, mit dem wir arbeiteten, wollte mit Fesseln Liebe machen. Er hatte Angst, es zu sagen, aber als er es ihr mit-geteilt hatte, war sie froh, dass er es zugab, weil sie es sowieso gespürt hatte. Er wollte auch, dass sie bei dieser Art Sex mit-machte. Er meinte, dass es ihm half, sich zu stimulieren und „sich wie ein Mann zu fühlen" und für ihn war es absolut in Ordnung, so Sex zu haben. Sie hatte kein Interesse und sie stritten darüber. Zum Glück war er bereit, tiefer zu gehen und mit der darunter liegenden Scham und Unsicherheit zu arbeiten. Schließlich ver-stand er, dass es eine Form der Kompensation für ihn war.

Ein junger Mann erzählte, dass er ständig Fantasien hatte, mit mehreren Frauen Sex zu haben, obwohl er die Frau, mit der er zusammen war, liebte. Er fühlte sich schuldig deswegen und sie spürte, dass er etwas zurückhielt. In seinen Fantasien hatte er Orgien mit vielen Frauen, nahm sie von hinten und genoss ihre Lustschreie, wenn er sie zum Orgasmus brachte. Ohne seine Fantasien zu verurteilen, halfen wir ihm, zu den Wurzeln seiner Unsicherheit und Scham zu gehen. Die Fantasien hörten nicht auf, aber wir rieten ihm, anstatt ihnen Energie zu geben und sie auszuagieren, weiterhin seine Angst vor wirklicher Intimität mit seiner Partnerin zu erforschen und zu fühlen.

Wenn wir davon überzeugt sind, dass das Ausleben unserer Fantasien uns sexuell erfüllter machen wird, dann ist es wahr-scheinlich gut, es auszuprobieren und zu prüfen, ob es stimmt. Und wenn wir das Gefühl haben unsere Fantasien bringen uns unserem Partner näher, dann ist auch das der Untersuchung wert. Unsere Erfahrung ist, dass Fantasien letztendlich weder die sexuelle Erfüllung noch die Intimität steigern. Aber wir wollen nicht, dass Menschen etwas tun, weil sie gehört oder gelesen haben, dass es „besser" sei, sich so oder so zu verhalten. Uns ist es wichtig, dass jeder für sich selbst herausfindet, was für ihn oder sie stimmig ist. Wir haben die Erfahrung gemacht, dass Fantasien, gewalttätiger Sex und Sexspiele die Sexualität objekt-bezogen halten und ein Deckmantel für Scham und Angst vor Nähe sind.

Ein Mann erzählte uns, dass er nicht an tiefem, intimem Sex mit seiner Partnerin interessiert war. Er wollte einfach sexy sein, sich sexy fühlen und heißen, harten Sex haben. Er gab zu, dass er seine Frau zum Objekt machte und wenn er mit ihr schlief, dachte er nur daran, „Frauen zu ficken". Seine Freundin schätzte seine Direktheit und war erleichtert über seine Ehrlichkeit. Sie meinte, dass sie so Liebe machen konnte, solange er sensibel blieb und ihre Grenzen respektierte.

Als er tiefer forschte, konnte er jedoch sehen, dass seine Art, Sex zu haben, eine tiefe Unsicherheit in ihm überdeckte: Er hatte weder Arbeit noch Geld und fühlte sich als Mann in der Welt unsicher.

Unsere Bedürfnisse mitteilen

Zu guter Letzt bedeutet „Dinge auszusprechen" auch, zu sagen, was wir beim Liebemachen brauchen. Dies ist ebenfalls ein heikles Thema, weil „Bedürfnisse ausdrücken" leicht mit „Forderungen stellen" verwechselt werden kann. Wenn wir sagen, was wir brauchen und dabei aus unserer Verletzlichkeit kommen, kann die andere Person sich uns näher fühlen. Forderungen stellen wir aus unserer Schutzschicht, es ist ein Macht-spiel und kreiert Abstand.

Für manche von uns ist es überaus beängstigend, Bedürfnisse auszusprechen. Es kommt vor, dass da so viel Angst ist, dass der Partner es nicht akzeptiert und sich dadurch kontrolliert fühlt, nicht zuhört, wütend wird, oder uns nicht ernst nimmt und zurückweist. Wir können viel Scham erleben beim Sex, wenn wir Ängste berühren, denen wir bisher noch nicht begegnet sind. Es kann auch Scham auslösen, darüber zu sprechen, was wir beim Liebemachen möchten und was wir brauchen, um uns öffnen zu können. Wir sind vielleicht so konditioniert, dass es nicht in Ordnung ist, über unsere Sexualität zu sprechen, oder dass unser Partner „einfach wissen" sollte, was wir brauchen und mögen, ohne dass wir es sagen müssen.

Verletzlichkeit beim Sex mitzuteilen ist riskant, man weiß nie im Voraus, ob die Beziehung das aushalten wird, und unserem Partner unsere sexuelle Verletzlichkeit zu zeigen, ist einer der größten Tests. Wenn wir diesen Schritt nicht machen, können die Konsequenzen hart sein. Es kann passieren, dass wir gar keinen Sex mehr haben und unserem Partner gegenüber nachtragend werden. Vielleicht kompensieren wir, um es dem Anderen recht zu machen und verraten dabei unseren eigenen Körper. Oder wir tun so als wäre nichts.

Wenn wir jedoch den Schritt wagen, uns zu öffnen und ehrlich mitzuteilen, kann das für uns und die Beziehung zutiefst nährend sein. Wir gewinnen tiefes Mitgefühl und Selbstrespekt und bereiten den Boden für eine vertrauensvollere Liebe.

Schlüssel, um unsere Verletzlichkeit im Sex mitzuteilen

- Unsere Verletzlichkeit anerkennen, statt unsere Ängste und Unsicherheiten klein zu machen, zu verleugnen oder zu verurteilen.

- Uns die Zeit nehmen, Ängste und Unsicherheiten zu fühlen und mitzuteilen, wie sie sich im Körper zeigen. Dazu gehört die Angst, die hinter sexuellen Funktionsstörungen, dem Dissoziieren, oder dem Wunsch nach Rückzug und Vermeidung von sexuellem Kontakt liegt.

- Unsere Verletzlichkeit aussprechen. Unsere Scham beim Sex, sexuellen Missbrauch, Fantasien und Bedürfnisse mitteilen.

- Mitteilen, was wir beim Sex brauchen, um uns öffnen und uns sicher und entspannt fühlen zu können.

10. Kapitel

Sex ist einfacher als Liebe!

Wie wir lernen, die Liebe zu pflegen

VIELE VON UNS VERWECHSELN SEX MIT LIEBE, WEIL WIR IN SEXUEL-
LER Leidenschaft – überwältigt von der Intensität der Verbindung – „Liebe" fühlen können. Es scheint, als würde uns die
Existenz einen Vorgeschmack geben, damit wir die herausfor-
dernde Reise antreten, Liebe zu entdecken. Wenn wir uns nicht
auf diese Reise machen, kann es leicht passieren, dass wir bitter
und enttäuscht werden und unserem Partner die Schuld geben,
wenn der Geschmack verloren gegangen ist.

> Liebe bedeutet, unsere zarteste Blume in die
> Hände eines anderen Menschen zu legen, der
> in mancher Hinsicht immer ein Fremder sein
> wird. Um einander zu lieben, müssen wir bereit
> sein, die Blume des Anderen entgegenzunehmen
> und zu nähren, als sei sie die kostbarste Gabe
> der Welt. Unsere Fähigkeit, jemanden zu lieben,
> ist die Prüfung für unsere Reife. Wir sind
> aufgefordert, achtsamer, sensibler, liebevoller
> und mitfühlender zu werden.

Wenn unser regrediertes Kind ausagiert, bedroht es mit seinem
Verhalten oft den feinen Stoff, aus dem die Liebe gewoben ist.
Wir können nicht so tun, als gäbe es diesen Teil nicht, nur weil

wir gerne reifer und weniger selbstsüchtig, reaktiv oder misstrauisch und bedürftig wären.

In tiefer Intimität mit einem anderen Menschen wird es vorkommen, dass wir unsensibel oder missbräuchlich (demütigend, vernachlässigend, gereizt, manipulativ, herablassend, ignorierend, nicht unterstützend, wütend oder sogar verbal oder körperlich missbräuchlich) miteinander sein werden.

Wir können alles reparieren, wenn wir bereit sind, die Wirkung unserer Handlung oder Laune zu fühlen und die Liebe und die Empfindsamkeit der anderen Person zutiefst ehren. Wenn wir die Verletzung unseres Partners spüren und Verantwortung für unser Verhalten übernehmen, können wir den Schmerz heilen und uns sogar noch näher kommen. Es hängt immer davon ab, wie sehr wir die Liebe, die wir zwischen uns kreieren, wertschätzen und ob wir realisieren, wie zerbrechlich und zart sie ist.

In diesem Kapitel werden wir die Grundlagen besprechen, die wir brauchen, um die zarte Blume der Liebe zu nähren.

Lernen, was Liebe und Vertrauen beschädigt

Offene Beziehungen

Wir sagen manchmal in unseren Gruppen, dass wir uns bei unseren Liebesbeziehungen entscheiden können, ob wir das „kleine" oder das „große" Spiel spielen wollen. Mit dem kleinen Spiel meinen wir, dass wir oberflächliche Liebesgeschichten haben können, oder auch länger dauernde, in denen wir aber nicht wirklich offen und verletzlich sind. Wir verbergen unsere Angst, uns zu öffnen und wirklich zu lieben, hinter Machtspielen, Kontrolle und Co-Abhängigkeit. Im großen Spiel riskieren wir, uns tief für einen anderen Menschen in einer gleichberechtigten, verbindlichen, langfristigen Beziehung zu öffnen. Allein der Gedanke, diese Person zu verlieren, ist erschreckend. Aber da wir sterblich sind, wissen wir, dass das eines Tages geschehen wird. Wir wissen auch, dass dieser Verlust uns erschüttern wird, aber wir werden darüber hinwegkommen und trotzdem weitergehen.

Oft fragen uns Leute nach unserer Meinung zu Affären – genauer gesagt, wie sie mit dem Wunsch, eine zu haben oder der Tatsache, dass sie oder ihr Partner eine haben oder hatten, umgehen sollen. Jede Situation ist anders und manchmal ist es genau das Richtige, eine Affäre zu haben oder sich statt einer verbindlichen Beziehung für kurze Liebesgeschichten zu entscheiden. Wir sagen den Leuten aber immer, dass sie die Verantwortung für ihre Wahl tragen müssen. Affären haben ihren Reiz. Ein Teil in uns mag Abwechslung und wenn wir eine Weile mit jemandem zusammen waren, ist der Wunsch nach Veränderung natürlich. Da ist der Nervenkitzel von Anziehung und Eroberung, erst gibt es vielleicht keine emotionalen Komplikationen und wir entfachen das sexuelle Feuer, das wir vermisst haben.

Manchmal kann eine Affäre uns zeigen, dass die Liebe zu unserem Partner gestorben ist, und dass wir entweder alles tun müssen, was in unserer Macht steht, um sie wieder zum Leben zu erwecken oder sie loszulassen. Wir arbeiteten zum Beispiel mit einer Frau, die verheiratet ist und drei kleine Kinder hat. Sie gestand uns, dass sie eine Affäre hatte. Ihrem Mann hatte sie erzählt, dass sie jemanden traf, aber nicht die ganze Wahrheit gesagt, nämlich dass sie verliebt war und Sex mit ihm hatte.

„Wie ist deine Beziehung mit deinem Mann?", fragten wir.

„Ich liebe ihn sehr und ich liebe es, eine Familie mit ihm zu haben, aber ich bin mehr seine Mutter als seine Geliebte. Ich mache gerne Liebe mit ihm, aber dieser andere Mann begegnet mir auf eine Art, die ich bisher noch nie erlebt habe."

„Empfindest du es als einen Konflikt, mit beiden zusammen zu sein?", fragten wir.

„Im Moment nicht. Ich denke aber nicht, dass er damit umgehen könnte, wenn ich ihm die ganze Wahrheit erzählen würde und das möchte ich nicht. Ich bin so glücklich mit diesem neuen Mann, ich möchte nicht wählen müssen."

Wir unterstützten sie darin, weiter ihre Affäre zu haben, da es offensichtlich sehr wichtig für sie war. Sie war nie in einer Beziehung gewesen, in der sie nicht in Kontrolle war. Ihr Muster, in der Mutterrolle zu sein, war ein verkleidetes Kriegsspiel, das ihr die Kontrollposition sicherte. In ihrer alten Beziehung agierte sie ein vertrautes Muster aus und das hatte die Energie und den Sex getötet. Bei der neuen Person hatte sie nicht die Kontrolle und konnte erleben, wie nährend es war, gleichberechtigt zu sein. Ihre Sexualität war entfacht. Die Situation, mit zwei Liebhabern zu jonglieren, war jedoch instabil und würde sich früher oder später verändern müssen.

Und tatsächlich, kurze Zeit später war sie gezwungen, sich zu entscheiden. Ihr Mann fand heraus, was ablief und stellte ihr das Ultimatum, entweder die Affäre zu beenden oder zu gehen. Sie tat ersteres, war aber unglücklich und sehnte sich nach ihrem neuen Partner. Als wir zuletzt mit ihr sprachen, meinte sie, dass sich mit ihrem Ehemann nicht viel geändert hatte, obwohl sie ihn nicht mehr betrog. Sie begegnete der Situation immer noch nicht ehrlich. Sich für ihren Mann zu entscheiden, hieße, ihre Kontrollmechanismen zu sehen und sich auf einer tieferen Ebene für ihn zu öffnen. Sich für den Liebhaber zu entscheiden, hieße, sich der Angst zu stellen, die Familie zu verlassen und die damit einhergehenden Sicherheiten aufzugeben.

Unserer Erfahrung nach ist eine Affäre ein Zeichen dafür, dass in der Beziehung etwas angeschaut und behandelt werden muss. Wir hoffen, beide Beziehungen führen zu können und halten unsere Affäre geheim, aber irgendwann kommt die Wahrheit heraus. Und in der Zwischenzeit geht viel Vertrauen verloren.

Vor ein paar Jahren nahm eine Frau an unserem Training teil, die es sehr störte, dass wir in unserer Arbeit die Meinung vertraten, dass „offene Beziehungen" nicht funktionieren. Mit offener Beziehung meinen wir, andere Liebhaber zu haben und gleichzeitig zu hoffen, die Intimität in unserer Primärbeziehung aufrechtzuerhalten oder zu vertiefen. Mit „nicht funktionieren" meinen wir, dass sich die Beziehung früher oder später selbst zerstört. Sie behauptete, obwohl ihr Freund andere Geliebte hatte, ginge es ihnen zusammen gut. Sie sagte, dass es die Dinge lebendiger und den Sex aufregender machte.

Die Liebe ist zu zart und unsere Verletzlichkeit zu zerbrechlich, um eine Verbindung aufrecht zu erhalten, in der einer oder beide Partner mit anderen schlafen.

In der zweiten Trainingseinheit, sechs Monate später, war sie nicht mehr so sicher, ob sie wollte, dass die Dinge mit ihrem Freund so blieben. In der dritten Einheit, nach neun Monaten, hatten sie sich getrennt.

Es kommt häufig vor, dass Leute in Beziehungen Affären haben. Die Frage ist, ob die Beziehung sich davon erholen kann, und das ist unterschiedlich. Das Vertrauen kann wieder hergestellt werden, wenn die Liebe groß genug ist und wir bereit sind, zu fühlen, was wir verursacht haben. Der Partner muss spüren können, dass wir den Schmerz aufrichtig fühlen. Wichtig ist auch herauszufinden, was uns dazu gebracht hat, fremdzugehen und gemeinsam mit unserem Partner zu den Wurzeln dieses Themas vorzudringen. Möglicherweise brauchen wir dafür professionelle Hilfe. Ein Mann litt, weil seine Freundin eine Affäre gehabt hatte. Immer, wenn er seinen Schmerz darüber äußerte, antwortete sie, „dass er sich bloß als Opfer fühlte und endlich darüber hinwegkommen sollte."

„Es ist keine große Sache", meinte sie, „und überhaupt habe ich die Freiheit, Sex zu haben, mit wem ich will. Du musst einfach damit klar kommen, wenn du eifersüchtig wirst. Außerdem wird mir mit dir langweilig, wenn du zu bedürftig bist."

Sie blieben zusammen – allerdings nicht sehr harmonisch – und ein Jahr später hatte er eine Affäre. Jetzt war sie an der Reihe, Eifersucht und Schmerz zu fühlen. Jetzt konnte sie verstehen, wie es ihm gegangen war. An diesem Punkt war es uns möglich, mit den beiden daran zu arbeiten, das Vertrauen wieder aufzubauen, weil sie nun beide wussten, wie weh es tat, es zu brechen.

Unehrlichkeit

Wir sind alle menschlich und die meisten von uns sind nicht ganz ehrlich mit sich selbst, geschweige denn mit ihrem Partner. Aber es gibt Grade der Unehrlichkeit. Manche unserer Lügen sind relativ harmlos. Andere kreieren Distanz zwischen uns und unseren Liebsten. Das Vertrauen wird dadurch langsam abgebaut. Unehrlichkeit kommt aus Angst, und manchmal ist die Angst so groß, dass wir den Mut nicht finden können, die Wahrheit zu sagen. Leider kann es auch zur Gewohnheit werden, nicht ehrlich zu sein.

Wir hatten eine Klientin, die chronisch unehrlich war. Sie hatte die Gewohnheit, Menschen, die ihr nahestanden, Versprechungen zu machen und sie dann nicht einzuhalten. Auch mit uns verhielt sie sich so. Sie verpflichtete sich zu etwas und machte es dann doch nicht. Dies passierte so oft, dass wir ihr mit der Zeit nichts mehr glaubten. Andere, die sie kannten, berichteten dasselbe – sie konnten ihr nicht länger vertrauen. Es ist schmerzhaft, so zu leben.

Eine Klientin, die eine Affäre hatte, sagte uns, dass sie zuviel Angst hatte, es ihrem Mann zu erzählen, „weil sie ihn nicht verletzen wollte". Wenn sie die Nächte oder Wochenenden mit ihrem Liebhaber verbrachte, erfand sie alle möglichen Ausreden und packte heimlich, damit er keinen Verdacht schöpfte. Sie war überzeugt, dass er nichts von der Affäre wusste, bemerkte aber, dass er zunehmend launischer, kindischer und sexuell bedürftiger wurde. Wir erklärten ihr, dass er wahrscheinlich spürte, was los war, auch wenn er sich dessen nicht bewusst war.

Wir zahlen einen großen Preis für Unehrlichkeit, wenn es um etwas so Wesentliches wie eine Affäre oder unsere Verlässlichkeit geht. Es ist ein Verrat an der anderen Person, an uns selbst und an der Liebe zwischen uns. Wir finden vielleicht nicht den Mut, ehrlich zu sein; dennoch ist es wichtig, dass wir den Schaden fühlen, den wir anrichten.

Jede Form von Gewalt

Ein Paar kam zu uns, weil der Mann häufig Wutanfälle kriegte und auch einmal seine Frau geschlagen hatte. Er hatte sich dafür entschuldigt, aber sie fühlte sich nicht mehr sicher. Er meinte, dass er meistens nur schrie und gelegentlich gegen die Wand schlug, aber nur ein einziges Mal hatte er die Kontrolle verloren und sie geschlagen. Er erkannte, dass er damit zu weit gegangen war und es tat ihm aufrichtig leid. Aber er fühlte sich provoziert, weil sie seiner Meinung nach zu fordernd und hysterisch war. Er fand, dass er seinen Zorn gut bei sich behielt, da er nur herumschrie und ihn an Wänden und Türen auslielß.

Was er nicht realisierte, war, dass seine Wutanfälle sie terrorisierten. Als wir sie über ihr Verhalten befragten, gab sie zu, dass sie oft an ihm herumnörgelte und manchmal fordernd und hart mit ihm war. Wir erklärten ihnen, dass sie beide gewalttätig miteinander umgingen – er körperlich und sie emotional. Sie konnten sehen, wie respektlos sie einander behandelten. Er versprach, mehr Verantwortung für seine Wut und Frustration zu übernehmen und mit seiner Aggression an einem sicheren Ort zu arbeiten und dass er sich Mühe geben wolle, seinen Zorn nicht vor ihr auszuagieren. Sie willigte ein, neue Formen zu finden, mit ihm zu sprechen, wenn sie gestresst war, und mehr Verantwortung für ihr forderndes Verhalten zu übernehmen.

> **Oft sind wir uns nicht bewusst, welche Auswirkung unser Verhalten auf unseren Partner hat. Manchmal ist unser Verhalten sehr viel gewalttätiger, als wir meinen. Aber wir sind nicht in Kontakt mit der Gewalt, weil wir nicht fühlen, wie unser Partner sie erlebt. Gewalt kann sich offen oder subtil zeigen. In beiden Fällen beschädigt sie die Liebe, die wir eigentlich nähren und vertiefen wollen.**

Versuchen, den anderen zu verändern

Eine der wichtigsten Fragen in einer Langzeitbeziehung ist: „Kann ich diese Person lieben und akzeptieren, selbst wenn sie sich nicht verändert?" Menschen verändern sich, aber nicht nach unseren Vorstellungen. Wenn wir darauf warten, dass sie sich ändern, dann werden wir und die Beziehung darunter leiden.

Dies ist nach unserer Erfahrung wohl die herausforderndste Hürde auf dem Weg, die Liebe zu vertiefen. In einer kurzen Affäre können wir uns damit zufrieden geben, nur die Teile des anderen anzunehmen und zu akzeptieren, die wir mögen. Bei Liebe ist das anders, sie ist anspruchsvoller. Sie verlangt von uns, dass wir die ganze Person annehmen, mit all ihren Ängsten und Unsicherheiten, Verteidigungs- und Schutzmechanismen.

> Lieben lernen bedeutet, zu versuchen, die andere
> Person zu verstehen – zu lernen, wie und warum
> er oder sie so fühlt, denkt und sich verhält.
> Es bedeutet, die Verletzlichkeit des anderen in
> unser Herz aufzunehmen.

Andreas quälte seine Freundin Brigitte mit aggressivem Druck und Kritik. Er wurde ärgerlich, wenn er das Gefühl hatte, dass sie nicht präsent war und schimpfte mit ihr, wenn er fand, dass sie ihrer Tochter im Teenageralter keine angemessenen Grenzen setzte. Als er anfing, mit uns zu arbeiten, halfen wir ihm zu verstehen, dass sein Bestehen darauf, dass Brigitte sich ändern müsse, seine Art war, die eigene Verlassenheitswunde nicht fühlen zu müssen. Er verstand es mit dem Kopf, es änderte aber nichts daran, dass er darauf bestand, dass sie sich ändern sollte. Schließlich hatte sie genug und verließ ihn.

Die Trennung stieß ihn in einen tiefen Abgrund, aber er war bereit, seinen Schmerz zu fühlen und weiter mit uns zu arbeiten. Wir halfen ihm, zu lernen, Schmerz, Frustration und Wut ertragen zu können, indem er nach innen ging, wenn er provoziert wurde, seinen Körper spürte und sanft in die Stellen atmete, wo er die Störung wahrnahm. Schließlich kam er zu dem Punkt, wo er aus dem Bauch heraus begriff, dass er nicht nur seine Freundin respektlos behandelt hatte, sondern auch mit sich selbst nicht in Kontakt gewesen war.

Den Fokus wieder auf uns richten

Wir sagen in unserer Arbeit oft, dass Absicht alles ist. Unsere Absicht bestimmt häufig den Ausgang eines Unterfangens, in das wir uns begeben. Wenn wir in einer Beziehung die Absicht haben, mehr über uns selbst zu lernen, als die andere Person zu benutzen, uns selbst zu vermeiden, dann sind wir von Anfang an auf dem richtigen Weg. Viele von uns sind mit romantischen Fantasien aufgewachsen, dass die richtige Beziehung uns glücklich machen und vor Angst, Einsamkeit und Unsicherheit bewahren soll. Falsche Absicht. Wir glauben dann vielleicht, dass etwas falsch an unserer Beziehung ist, wenn sie uns das nicht gibt. Ein schmerzhaftes und verhängnisvolles Missverständnis.

Solange unser Fokus darauf gerichtet ist, wie unser Partner sich verändern sollte, was nicht in Ordnung mit ihm oder ihr ist und wie er oder sie für uns da sein sollte, schauen wir uns selbst nicht an. Jede Enttäuschung und Frustration ist eine Gelegenheit nach innen zu schauen.

Üblicherweise reagieren wir automatisch oder gar zwanghaft und schauen auf den Anderen. Aber das sind die Momente, in denen die ernsthafte Bereitschaft, den Fokus statt auf den Anderen auf uns selbst zu richten, den Unterschied ausmacht – ob wir Liebe sabotieren oder vertiefen.

Es ist gut, die Geschichte unseres eigenen Traumas zu kennen, um zu wissen, wie und warum etwas bei uns ausgelöst wird und wie wir gewöhnlich reagieren. Noch hilfreicher ist es, den inneren Raum zu finden, wo wir mit der Frustration in uns da sein können. Aber das ist nicht einfach.

> **Lieben lernen heißt, zu reifen und zu geben.**
> **Es hilft, von Beginn an zu verstehen, dass es in**
> **der Liebe nicht darum geht, zu bekommen, was**
> **wir wollen, sondern zu lernen, mehr und mehr**
> **zu geben. Und bereit zu sein, wiederkehrende**
> **Frustration und Enttäuschungen zu akzeptieren.**

Vor kurzem war ein Paar bei uns, das stritt, wann immer sie Liebe machten (oder es versuchten). Sie fühlte ihre Grenzen überschritten, wenn sie spürte, dass er etwas von ihr wollte, einschließlich seines Wunsches, zu ejakulieren. Obwohl sie keine Erinnerung an ein sexuelles Trauma hatte, war es klar, dass sie hochempfindlich reagierte, wenn sich etwas für sie übergriffig anfühlte und sie ihrer Fähigkeit, Grenzen zu setzen, nicht vertraute. Die Folge war, dass sie gar nicht mehr Liebe machen wollte. Er fühlte sich abgewiesen und das wiederum erhöhte sein Verlangen. Wir schlugen vor, dass sie versuchen sollten, so Liebe zu machen, dass der Orgasmus nicht das Ziel war.

Wir bemühten uns auch, ihm verständlich zu machen, dass sie sich nie entspannen und daher nicht sexuell für ihn öffnen konnte, solange er ihr nicht half, sich beim Sex mit ihm sicher zu fühlen. Es war eine echte Herausforderung für ihn, sich auf das Geben zu fokussieren, statt damit beschäftigt zu sein, zu bekommen. Wir ermutigten sie, ihre Ängste offen mit ihm zu teilen und halfen ihr, zu verstehen, dass diese tiefer sind und weiter zurückreichen, als zum gegenwärtigen Moment, in dem sie Liebe machen – statt ihren Partner als Ursache ihrer Angst und Unsicherheit zu betrachten und ihm die Schuld dafür zu geben.

Ein anderer unserer Klienten beschloss, dass er genug von Beziehungen hatte. „Ich möchte meine Energie einfach in andere Bereiche stecken", sagte er zu uns. Er wollte nicht sehen, dass die Frauen nicht mit ihm zusammen sein wollten, weil er alle, die ihm nahe kamen, beschuldigte, wenn sie sich nicht so verhielten, wie er es wollte.

Dieses zwanghafte Muster hatte er in allen Beziehungen – mit Frauen und Männern. Er konnte sich nicht die adäquate Frage stellen: „Was muss ich in diesen Situationen über mich selbst lernen? Was habe ich getan, dass die Menschen sich von mir abwenden?"

Die ganze Person annehmen

Es ist einfach, uns selbst zu lieben, wenn wir in unserer Essenz sind, unsere Schönheit gesehen wird, unsere Energie fließt und wir uns in uns selbst zu Hause fühlen.

Wachstum liegt nicht darin, uns zu lieben, wenn wir in unserer Essenz sind, sondern uns dann zu akzeptieren und zu lieben, wenn wir uns in unserem Schutz oder der verwundeten Schicht befinden, und uns einsam, unsicher, ängstlich fühlen oder uns schämen.

Das Paradoxe ist, in dem Moment, in dem wir das, was passiert, vollkommen annehmen, wird es Teil der Essenz. Das ist die Magie und Schönheit des Lebens, fast wie ein Zauberschlüssel, der die Türen zur Schatztruhe aufschließt. Wenn wir mit unserem Schutz und unseren Wunden kämpfen, sie verurteilen und loswerden wollen, werden sie nur stärker und tiefer. Der Weg hindurch ist, uns selbst in diesen schwierigen Momenten wahre Liebe und Mitgefühl zu geben.

Dasselbe gilt, wenn es darum geht, einen anderen Menschen zu lieben. Wenn wir jemandem nahe kommen, fühlen wir uns meistens zu irgendeinem Aspekt seiner oder ihrer Essenz hingezogen. Es ist leicht, eine Person zu lieben, die bei sich und „in ihrer Energie", feinfühlig, sexuell erreichbar, abenteuerlich und frei, einsichtig, liebevoll, aufmerksam, stark und voller Selbstvertrauen ist – oder irgendeine Kombination dieser Eigenschaften.

Es ist jedoch nicht so einfach, jemanden ganz anzunehmen, wenn er voller Angst und Unsicherheit ist, vor allem wenn er oder sie sich dadurch zurückzieht, wütend und manipulativ oder süchtig wird. Noch schwieriger wird es, wenn er oder sie verleugnet, was los ist und behauptet „lebendig und offen zu sein".

> **Lieben zu lernen heißt, alle drei Ebenen –**
> **unsere eigenen und die des Partners –**
> **kennenzulernen und anzunehmen.**
> **Es bedeutet, zu erkennen und zu akzeptieren,**
> **wenn unser Partner in seinem Schutzverhalten**
> **ist oder Angst hat und sich schämt.**
> **Deswegen ist es gut, unsere eigene und die**
> **Geschichte des Partners zu kennen.**

Die Vergangenheit selbst ist nicht wichtig, sie ist vergangen. Und wäre sie nur Vergangenheit, dann wäre sie einfach eine seltsame Geschichte. Wenn sie aber beeinflusst, wer wir heute sind, wie wir leben und uns verhalten, dann ist es mehr als nur eine Geschichte. Dies wirklich zu verstehen, bringt tiefes Mitgefühl für uns selbst und unseren Geliebten.

Die Scham- oder Traumageschichte beinhaltet:

- Wie unsere Lebensenergie unterdrückt wurde, unsere Sexualität, Kraft, Gefühle, Freude, Kreativität und Intuition.

- Wie das Umfeld in unserer Kindheit war, wie wir in der Welt empfangen wurden, wer uns genährt hat und wie.

- Wie viel Stress unsere Pflegepersonen hatten und welchem wir ausgesetzt waren, z. B. durch Vernachlässigung, Missbrauch, mangelnder Unterstützung, Druck, Kritik und Urteil.

- Die Rollen, in denen wir geprägt wurden, wie: uns um alles zu kümmern, die emotionale Stütze eines Elternteiles zu sein, die unerfüllten Träume unserer Eltern zu leben oder mit einem Geschwister oder Vorbild verglichen zu werden.

Alle diese Situationen können Scham und Trauma kreieren und höchstwahrscheinlich tragen wir und unser Partner immer noch Narben davon. Die Narben bestimmen, wie wir heute auf Stress reagieren, was unsere Ängste, Verlassenheitsgefühle oder Unsicherheiten auslöst und wodurch wir uns überfordert, ungeliebt und nicht respektiert fühlen. Vieles davon können wir herausfinden, wenn wir mit uns selbst arbeiten.

Damit aber Liebe erblühen kann, müssen wir die Traumageschichte unseres Partners kennen, fühlen und verstehen und sie in unser Herz aufnehmen. Wie wir einander die Knöpfe drücken, ist kein großes Geheimnis. Die Antworten liegen alle in unserer Scham- und Traumageschichte.

Wenn wir die Empfindlichkeiten unseres Partners kennen, können wir darauf achten, nicht noch Salz in seine oder ihre offene Wunde zu streuen. Das heißt nicht, dass wir unsere Energie unterdrücken oder so vorsichtig sind, dass wir nicht ehrlich zu uns selbst sind, sondern dass wir eine tiefe Empfindsamkeit für den Menschen entwickeln, den wir lieben. Je reifer wir werden, umso respektvoller werden wir dem Anderen gegenüber. Wenn wir lernen, unsere eigenen Bedürfnisse zu achten und uns und unseren Körper nicht zu übergehen, werden wir weniger darauf fixiert, unsere Bedürfnisse erfüllt zu bekommen und fähiger, flexibel und verständnisvoll zu sein.

Ein Paar erzählte, dass sie viel miteinander stritten. Er war verletzt, weil sie ihn zurückwies. Sie beschwerte sich, dass er nicht sensibel mit ihr umging und Dinge tat, die sie störten, wie zuviel Lärm im Haus zu machen und dass er zu „bedürftig" sei. Für die beiden war es hilfreich, die Geschichte des Anderen kennenzulernen. Er war von seinen Eltern weggegeben und die ersten sieben Jahre seines Lebens in einem Waisenhaus von grausamen Nonnen aufgezogen worden. Dann war er zu Pflegeeltern gekommen, die ihm zwar viel Freiheit ließen und ihn nicht missbrauchten, ihm aber wenig Nähe gaben. Seine Frau konnte sich an wenig aus ihrer Kindheit vor dem zwölften Lebensjahr erinnern. Sie wusste aber, dass ihre Eltern viel gestritten hatten und sie hatte den Verdacht, dass ihr Vater sich sexuell zu ihr hingezogen gefühlt hatte. Und als Teenager hatte er ihr gegenüber missbräuchliche Kommentare über ihre Sexualität gemacht.

Als sie einander ihre Geschichten erzählten, fiel es ihnen leichter, ihre Herzen zu öffnen. Er begann zu verstehen, dass sie, wenn sie ihn abwies, in Wahrheit Angst davor hatte, missbraucht oder nicht gesehen zu werden und dann konnte er ihr auf eine Art begegnen, die es ihr ermöglichte, sich ihm zu öffnen. Sie verstand, dass sein lautes, bedürftiges Verhalten sein Versuch war, ihre Aufmerksamkeit zu bekommen. Sein altes Trauma, nicht gewollt zu sein, wurde durch ihre gemeinsame Liebe wiedererweckt und alles, was er brauchte, war, dass sie ihn annahm und ihm das Gefühl gab, gewollt zu sein. Durch solch liebevolles Verstehen beginnt sich in beiden Partnern etwas zu entspannen und die alten Wunden heilen langsam.

Es kann zu einer heiklen Frage werden, was wir an unseren Partnern akzeptieren sollten oder nicht. Akzeptieren wir ihr Suchtverhalten oder ihre Aggression?

Kürzlich kam eine Frau, deren Freund süchtig nach Marihuana war und keine Anstalten machte aufzuhören, obwohl sie ihn darum gebeten hatte. Er konnte keinen Zusammenhang sehen zwischen seinem Marihuanarauchen und seinem nicht präsent sein, über das sie sich bei ihm beschwerte. Hinzu kam, dass er aggressiv und unsensibel mit ihr umging und als sie sich über dieses Verhalten beklagte, meinte er, dass sei ihr Problem und sie sei „überempfindlich". Im Laufe des Workshops wurde ihr immer klarer, dass sie in einer dysfunktionalen Beziehung lebte, die ein Wieder-in-Szene-setzen (und Retraumatisierung) ihrer Geschichte mit ihrem Vater war, der sie verlassen hatte. Sie erkannte, dass es nicht gesund für sie war, in dieser Beziehung zu bleiben und wartete auf den Moment, um den Mut zu finden, ihn zu verlassen.

Wir arbeiten oft mit Paaren, bei denen ein Partner süchtig nach einer Substanz wie Marihuana oder Alkohol, oder nach einem Verhalten, wie Pornoschauen oder Fremdgehen, ist. Es ist ein ernsthaftes Problem, weil die Sucht als zweite Geliebte dient, die oft verlässlicher und berechenbarer ist. Es ist schwierig für die Liebe zu erblühen, wenn das vor sich geht. Jede Situation ist anders, aber wir möchten betonen, dass man sich, wenn ein solches Problem vorliegt, darum kümmern muss, sonst kann die Beziehung daran zerbrechen.

Jemanden anzunehmen heißt nicht, Respektlosigkeit, Übergriff oder Missbrauch zu akzeptieren, sondern zu lernen, Grenzen zu setzen – um zu wachsen und uns selbst zu respektieren. Die Traumageschichte unseres Partners mag sein missbräuchliches und respektloses Verhalten erklären, aber sie entschuldigt es nicht.

Wenn wir nicht für unsere Grenzen und unseren Selbstrespekt einstehen, sind wir in der Opferrolle. Das ist nicht gesund. Indem wir Grenzen setzen, sagen wir nicht „Nein!" zur ganzen Person, sondern nur zu respektlosem Verhalten. Wenn unsere Grenzen jedoch nicht respektiert werden, selbst wenn wir sie setzen, dann ist es vielleicht Zeit, „Nein!" *und* „Leb wohl!" zu sagen.

Zeit für Liebe schaffen

Zu oft nehmen wir uns in der Hektik unseres Alltags nicht die Zeit, einander zu lieben und uns zu verbinden. Alles andere wird wichtiger. Wir sind gestresst, völlig absorbiert von den praktischen Dingen des Alltags und Liebemachen und Nähe gehen allmählich unter. Wir vermissen einander, aber wir sind so beschäftigt, dass Sex, ja nur Kontakt, das Letzte ist, worauf wir Lust haben. Oder wir versuchen, mit Sex Stress zu reduzieren, was keine so gute Idee ist. Männer neigen dazu mehr als Frauen, die allgemein diese Art Sex nicht so anziehend finden. Die Blume der Liebe braucht Wasser und Nahrung. Und wenn wir uns nicht die Zeit nehmen, zum Körper zurückzukommen, vergessen wir ihn. Unsere Energie geht in den Kopf und irgendwann fühlen wir nichts mehr unter der Gürtellinie oder im Herzen.

Ein Mann erzählte, dass er eine Krise hatte, weil seine Frau nicht genug Zeit für ihn hatte. Er meinte, dass er ziemlich gut mit sich alleine sein konnte, wenn jedoch zuviel Zeit ohne Sex verging, begann er Entbehrung zu fühlen und wurde gereizt, zurückgezogen und launisch. Wir wussten aus früherer Arbeit mit ihm, dass er in einer gesunden, liebevollen Beziehung war und dass ihr Problem nicht aus ungelösten zwischenmenschlichen Dynamiken oder Mangel an sexuellem Interesse kam. Es schien einfach eine Frage von Zeit und Priorität zu sein. Seine Frau war sehr in ihre Kunst involviert und weil dies wichtig für sie war und sie so vereinnahmte, konnte sie sich leicht darin verlieren und vergessen, mit ihm in Verbindung zu bleiben. Am Abend war sie dann so erschöpft, dass sie zusammen fernsahen und ins Bett gingen. Dies war zur Routine geworden.

Wir halfen ihm zu sehen, dass Teil seines Gefühls der Entbehrung aus seiner Verlassenheitswunde stammte, wir schlugen ihm aber auch vor, seine Frau zu einem Date einzuladen und das zu einer regelmäßigen Einrichtung zu machen. Zuerst hatte er Widerstand, weil er wollte, dass es spontan passieren und sie zu ihm kommen sollte. Außerdem war er nicht sicher, ob sie ja sagen würde. Wir luden ihn ein, Stolz und Angst beiseite zu schieben und es trotzdem zu tun. Zu seiner Überraschung war seine Frau sehr offen für diese Abmachung, weil auch sie die körperliche Intimität vermisste. Sie vereinbarten an zwei Nachmittagen die Woche eine Stunde miteinander im Bett zu verbringen und er spürte den Unterschied, das Gefühl der Entbehrung verkleinerte sich enorm.

Paare werden im Lauf der Zeit vom Alltagsstress und der Routine absorbiert, sodass sie die Liebe und die Intimität vergessen. Und wenn wir zuviel Zeit verstreichen lassen, ohne einander zu lieben und unsere Körper zusammenzubringen, kommen wir „aus der Übung". Viele Menschen erzählen uns, dass sie, obwohl sie tiefe Liebe für ihren Partner empfinden, sich einfach nicht mehr sexuell fühlen. Wie wir in den vorangegangenen Kapiteln besprochen haben, kann das viele Gründe haben, manchmal aber geht es ganz einfach darum, uns ein wenig zu disziplinieren und aus dem Kopf zurück in den Körper zu kommen, den Alltagskram zur Seite zu schieben und uns Zeit zu nehmen, Liebe zu machen.

Viele von uns haben die Idee, dass Sex spontan sein muss und beide erregt sein müssen, bevor sie Liebe machen. Das stimmt vielleicht für *Sex auf Stufe I* und für Leute, die noch nicht lange zusammen sind. Aber Langzeitpaare müssen sich bemühen, ans Liebemachen zu denken. Wir haben manchmal einfach keine Lust, weil wir unsere Energie im Alltag verpulvert haben. Das Leben ist kurz und Liebe ist kostbar. Es ist traurig, wenn wir die Zeit vorbeiziehen lassen und vergessen, die Blume der Liebe zu gießen.

Der praktische Aspekt des Lebens hat die Tendenz, uns in Beschlag zu nehmen, und die „Zu tun"-Liste kann endlos werden. Vieles kann warten, aber wenn wir uns nicht bewusst Zeit dafür nehmen, kann unser Sexleben in Vergessenheit geraten. Gemeinsamer Urlaub fern des Alltags und in regelmäßigen Abständen kann hilfreich sein. Es ist wundervoll, zusammen eine Woche in einer romantischen Umgebung zu verbringen, aber manchmal reichen auch schon ein oder zwei Nächte in einem Hotel, um uns daran zu erinnern, Liebe zu machen.

Neben dem Sex gibt es natürlich auch andere Wege, wie wir Zeit für Liebe schaffen können. Zum Vertiefen unserer Liebe ist es auch wichtig, gemeinsame Interessen zu finden, zusammen Zeit zu verbringen und aktiv zu sein. Wenn wir Zeit miteinander verbringen, kommunizieren wir auf nonverbaler Ebene, was sehr nährend für die Liebe ist. Und genauso, wie wir vielleicht ein wenig Disziplin brauchen, um uns daran zu erinnern, Liebe zu machen, müssen wir das gleiche tun, wenn es darum geht, etwas zu finden, das wir teilen können. Wenn man jemanden liebt, fühlt es sich ganz natürlich an, sich auf den anderen einzustimmen und in seine oder ihre Welt einzutauchen.

Amana liebt es zum Beispiel, die *Oprah Winfrey Show* anzusehen. Ich (Krish) meinte: „Bloß nicht! Niemals werde ich eine Show mit kreischenden Frauen anschauen, in der es um Berühmtheiten, Abnehmen, die neueste Mode und Inneneinrichtung geht." Wenn es also Zeit für Oprah war, reichte ich Amana ganz freundlich die Kopfhörer. Aber entweder hat sich Oprah verändert oder ich, denn mittlerweile bin ich ein totaler Oprah Fan geworden! Und inzwischen nehmen wir Einiges aus Ophras Sendungen auf, weil es so inspirierend ist.

Liebe gedeiht, wenn wir verstehen, dass wir die ständige Bereitschaft brauchen, sie zu nähren, sie frisch zu halten und sie als Gelegenheit begreifen, miteinander zu lernen und zu wachsen. Jede Situation und jede Beziehung ist anders. Manchmal ist es wegen unüberbrückbarer Unterschiede und einem Mangel an Kommunikation Zeit weiterzugehen. Aber wenn wir verstehen, dass Liebe Verbindlichkeit, Ausdauer, Verstehen und die Bereitschaft, durch harte Zeiten zu gehen, erfordert, dann wird unser Bedürfnis zu gehen kleiner; und wenn wir es doch tun, dann aus den richtigen Gründen.

Wie wir die Blume der Liebe nähren

- **Lernen, was Liebe und Vertrauen zerstört**
  Offene Beziehungen, Unehrlichkeit, Respektlosigkeit und jede Form von Gewalt, der Versuch, die andere Person ändern zu wollen.

- **Den Fokus auf uns selbst richten.**
  Verantwortung übernehmen (statt dem Partner die Schuld zu geben), unsere Muster erkennen und an uns arbeiten.

- **Die ganze Person annehmen.**
  Lernen, unseren Partner mit all seinen Ängsten, Unsicherheiten und Schutzmechanismen zu akzeptieren.

- **Zeit für Liebe kreieren.**
  Zeit abseits des Alltags einplanen, um uns zu verbinden und Liebe zu machen.

11. Kapitel

Meine Beziehung wird mich nicht ganz machen.

Illusionen über die Liebe loslassen

VIELE BEZIEHUNGSPROBLEME KOMMEN NICHT VON ZWISCHEN-menschlichen Schwierigkeiten, sondern daher, dass eine oder beide Personen mit ihrem Leben und sich selbst nicht glücklich sind. Eine Beziehung leidet, wenn wir erwarten, dass sie uns glücklich machen oder der Partner unsere Angst, Schmerz und Einsamkeit nehmen soll. Dann lassen wir unseren Frust an ihm oder ihr aus, wenn das Leben nicht nach unserem Wunsch ver-läuft oder wir es mit uns selbst schwer haben. Wenn wir den Anderen für unseren Schmerz verantwortlich machen, ebnen wir den Weg für endlose Machtkämpfe. Beide Partner fühlen sich dann enttäuscht, desillusioniert und ungerecht behandelt.

Unser Mangel an Zufriedenheit kann die Liebe sabotieren

Kürzlich arbeiteten wir mit einem Paar, das zu uns kam, weil sie, wie sie selbst sagten „die ganze Zeit stritten". Sex war nicht ihr Problem; sie meinten beide, dass sie nie zuvor so entspannt und nährend Liebe gemacht hatten. Aber er beschwerte sich, dass sie ihn kontrollierte und rigide war und „alles nach ihrer Pfeife tanzen musste". Sie war genauso verärgert, weil er, wie sie sagte, regelmäßige Wutanfälle hatte und sie für „jede Kleinigkeit" beschuldigte. Als wir tiefer in ihre Beziehungsdynamik eintauchten, sahen wir, dass das Problem nicht zwischen ihnen lag oder in ihrer Kommunikation bestand, sondern darin, dass er in seinem Leben nicht zufrieden war und seine Kreativität nicht lebte. Sie war eine erfolgreiche Geschäftsfrau und er war ohne Arbeit und unsicher über den nächsten Schritt in seinem Leben. Er war unglücklich mit sich selbst, neidisch auf ihren Erfolg und ihre Freude an der Arbeit und hatte ein Problem damit, dass sie die Rechnungen zahlte. Es gab zwar kleinere Unstimmigkeiten zwischen den beiden, die angeschaut werden mussten, aber dies war der Hauptgrund für seine Wut und Unzufriedenheit und ihre häufigen Konflikte. Wir halfen ihm, seine Energie darauf zu fokussieren, eine klare Richtung in seinem Leben zu finden, selbst wenn das bedeutete, dass sie eine Weile getrennt sein würden, während er sich weiterbildete.

Wenn wir in unserem Leben unzufrieden sind, kann sich das auch auf unsere Sexualität auswirken.

Wir arbeiteten mit einem Paar, das meinte, dass die Beziehung zwar gut sei, der Sex aber nicht. Er war ihr zu grob und sie zog sich deswegen zurück. Als wir ihn fragten, gab er zu, dass er im Sex seine Frustration auslebte, weil er in seinem Arbeitsleben nicht glücklich war. Er war Grafikdesigner und hatte Probleme, Aufträge zu bekommen. Er fühlte sich unterbezahlt und ging oft Kompromisse ein, weil er Schwierigkeiten hatte, an sich zu glauben. Dann fühlte er sich schlecht, fühlte Bitterkeit und ärgerte sich, weil er seine Arbeit zu billig verkauft hatte und das machte ihn zornig. Da er sich dieser Dynamik nicht bewusst war und keinen anderen Weg hatte, um mit seiner Wut zu arbeiten, agierte er sie im Sex aus. Wir arbeiteten mit seiner Angst, Grenzen zu setzen und seinem Gefühl der Unzulänglichkeit.

Durch ernsthafte Arbeit an sich selbst wurde er fähig, das Risiko einzugehen, für seine Aufträge einen Preis zu verlangen, der sich für ihn stimmig anfühlte. Das wiederum gab ihm mehr Selbstrespekt, und mit dieser Grundlage veränderte sich ihr Sex allmählich.

Wenn wir jemandem wirklich nahe kommen, vergessen oder verlieren wir uns leicht. Und manchmal sind Paare so miteinander verstrickt, dass einer oder beide Partner ihr eigenes Leben aufgegeben haben. In diesem Prozess verlieren sie auch ihr Selbstwertgefühl und versuchen dann, das Leben des Anderen mit Urteilen, Ratschlägen, Kritik und sogar Demütigung zu kontrollieren.

Eine Frau verbot zum Beispiel ihrem Partner fernzusehen, weil sie fand, dass es schlecht für seine spirituelle Entwicklung war. (Als wir zuletzt mit ihr sprachen, erzählte sie uns, dass sie nicht nur nichts mehr dagegen hatte, sondern mit ihm zusammen fernsah und Spaß daran hatte.)

In einem anderen Fall kommentierte ein Mann dauernd die Essgewohnheiten seiner Partnerin, weil er fand, dass sie nicht gesund genug aß. Aber er musste zugeben, dass er sein eigenes Essverhalten stark kontrollierte, weil er solche Angst hatte, sich gehen zu lassen und „sich zu verlieren", was immer wieder geschah. Dann aß er drei Desserts hintereinander.

Diese Art „negative Symbiose" entsteht, wenn wir von der Beziehung erwarten, dass sie unserem Leben einen Sinn geben soll, anstatt unsere eigene Kreativität und Lebendigkeit zu entwickeln. Es kann auch sein, dass wir unsere innere Richtung verloren haben und vom anderen geführt werden wollen.

Inneren Raum entwickeln

Um Zufriedenheit in unserem Leben zu finden, müssen wir lernen, unseren Ängsten zu begegnen, statt davon abhängig zu sein, dass unser Partner uns vor ihnen schützt. In unserer Arbeit verwenden wir den Ausdruck „innerer Raum", um ein inneres Zentriertsein zu beschreiben, aus dem heraus wir etwas Abstand zu unangenehmen Gefühlen finden können. Wenn wir diesen „inneren Raum" nicht entwickelt haben, sind wir schnell dabei zu erwarten, ihn von unserem Partner zu bekommen. Wir glauben womöglich, dass dies eines der Kriterien für Liebe ist. Eine der wohl größten Lektionen im Leben ist es, uns unseren eigenen Ängsten und Unsicherheiten zu stellen, zu bemerken, wann sie im Alltag ausgelöst werden und Wege zu finden, mit ihnen auf gesunde Weise umzugehen.

> **Konflikte zwischen Partnern haben oft mit dem Grad an Stress zu tun, in dem einer oder beide sind. Um Zufriedenheit in unserem Leben zu kreieren, müssen wir Wege finden, wie wir, unabhängig von unserem Partner, unser Nervensystem beruhigen und entspannen können.**

Wir finden es hilfreich, sich unsere Energie und unser Nervensystem wie ein Barometer vorzustellen, das in drei Teile eingeteilt ist. Links ist die „entspannte Zone", in der Mitte die „angespannte Zone" und rechts die „überforderte Zone" oder die „rote Zone". Wir alle würden liebend gern in der entspannten Zone leben, Tatsache ist aber, dass wir wegen ganz normalem Alltagsstress, vermischt mit unserem inneren Druck und unseren Erwartungen, uns meistens in der angespannten Zone befinden.

Wenn innerer oder äußerer Stress etwas in uns auslöst, bewegt sich die Barometernadel nach rechts und rutscht leicht in die Überforderungszone. Wenn das geschieht, beschuldigen wir normalerweise den Auslöser für unsere Überforderung. Der ist jedoch nicht das Problem, sondern unsere Nervenanspannung. Wenn wir entspannter sind und uns in uns selbst mehr zu Hause fühlen, kann das, was vorher eine große Krise ausgelöst hatte, nur noch einen leichten Wellenschlag verursachen – wenn überhaupt.

Auch bevor wir Liebe machen, ist es wichtig, unser Nervensystem herunterzufahren, damit wir nicht völlig angespannt bei unserem Partner ankommen.

Steve und Beatrice kamen zu uns wegen Schwierigkeiten beim Sex. Steve begann: „Sie weist mich immer zurück. Nichts ist gut genug für sie. Der Raum muss stimmen, der Geruch, die Energie. Und jetzt komme ich dauernd zu früh, was mir bisher mit anderen Frauen nie passiert ist."

Beatrice antwortete: „Er kommt völlig angespannt von der Arbeit nach Hause und will Sex haben. Aber ich mag nicht mit ihm Liebe machen, wenn er so ist. Also will ich die Situation verbessern, damit ich mich öffnen kann. Das fällt mir ohnehin nicht leicht, und wenn er wütend und gestresst über die Arbeitssituation ist, kann ich mich gar nicht öffnen. Und dann beschwert er sich, dass ich verschlossen bin."

Wir fragten sie, was jeder von ihnen tun könnte, damit die andere Person sich entspannter und offener fühlen konnte.

Steve sagte: „Ich möchte fühlen, dass du mich willst und mich nicht dauernd zurückweist."

Beatrice sagte: „Ich will dich! Ich liebe dich wirklich, ich will nur, dass du dich vorher entspannst."

Wir bestätigten die Ängste und Besorgnisse beider und empfahlen Steve, wenn er heimkam, eine unserer Meditationen zu machen, die mit einer halben Stunde intensiver Tanzmusik beginnt, gefolgt von fünfzehn Minuten angeleiteter stiller Meditation. Beatrice rieten wir, ihre Ängste übers Liebemachen mitzuteilen, statt es zur Gewohnheit zu machen, die Umgebung als Ausrede zu benutzen, um Sex zu vermeiden.

> Da wir meistens in der „Spannungszone" leben, sind wir auch leicht von der Anspannung unseres Partners betroffen, vor allem, wenn unsere Beziehung symbiotischer wird, was bei längerem Zusammensein ganz natürlich ist. Wir fühlen die Spannung und Angst des Anderen als wäre es unsere eigene. Dann beschuldigen wir den Partner schnell „so gestresst" zu sein.

Sandra und Alex sind seit vielen Jahren zusammen. Sie lieben einander sehr und passen wirklich gut zusammen. Ihr Fokus ist auf emotionales und spirituelles Wachstum ausgerichtet, beide lieben gesundes Essen und kochen gerne zusammen, sie lieben den Körper des anderen, kommunizieren gut miteinander, sie spielen und haben Spaß und führen sogar ein erfolgreiches Geschäft zusammen.

Meistens leben sie in Harmonie, aber wenn sie durch das Geschäft gestresst und überarbeitet sind, beginnen sie, einander auf die Nerven zu gehen. Kleinigkeiten werden plötzlich zum Problem – sie beschuldigen sich wegen Nichtigkeiten, zweifeln an der ganzen Beziehung und distanzieren sich dann voneinander. Nach mehreren Jahren in diesem schmerzhaften Muster hat es sich verändert, denn sie haben endlich die Ursache des Problems erkannt: sie streiten, wenn sie gestresst sind. Heute merken sie, wenn der Stresspegel steigt. Dann nimmt jeder von ihnen Zeit für sich allein, um zu tun, was immer er oder sie braucht, um sich zu beruhigen und zu nähren. Wenn sie den Kontakt zu sich selbst wieder aufgebaut haben, kommen sie wieder zusammen. Wenn die Lebensumstände Anspannung bringen, werden wir leicht reizbar, launisch und sind leicht zu provozieren. Dann scheinen kleine Dinge, die uns am Anderen stören, unerträglich. Wir beginnen auf ein Verhalten zu reagieren, das wir normalerweise einfach ignorieren würden.

Wir sind zum Beispiel sechs Monate im Jahr, manchmal drei Monate am Stück, in Europa unterwegs, um Seminare zu leiten. Manchmal haben wir keine lange Pause zwischen den Seminaren und müssen weite Strecken im Auto reisen. Wir werden beide müde und wissen, dass wir am Ende eines Tages im Auto sehr gereizt und emotional werden können. Da wir wissen und fühlen können, dass unsere Nerven überspannt sind, nehmen wir uns Zeit, allein zu sein. Am nächsten Morgen sieht wieder alles anders aus, selbst wenn wir am Abend wegen irgendetwas aneinander geraten sind.

Einmal waren wir in Japan und gingen zwischen zwei Seminaren in einen Vergnügungspark. Mutig stiegen wir in eine Kiste, die fünfzig Meter hinunter rast und dann plötzlich stoppt und fuhren ein paar Mal mit der Achterbahn. Ich (Krish) bin nicht schwindelfrei und nach diesen drei Fahrten fühlte sich mein Nervensystem wie „abgeschossen" an.

Auf dem Heimweg konnte ich die Spannung in meinem Körper spüren und am Abend begann ich ohne Grund einen Streit mit Amana. In dem Moment fühlte es sich real an, aber als ich am nächsten Morgen aufwachte, konnte ich nicht glauben, dass ich so genervt gewesen war. Amana war verletzt und verwundert, aber als ich ihr erklärte, dass ich von den Erfahrungen im Vergnügungspark überfordert gewesen war, war sie erleichtert. Jetzt können wir dieses Erlebnis in unseren Seminaren als

Beispiel dafür verwenden, wie Paare einen Streit anfangen … nur weil sie in einem Vergnügungspark waren.

Unsere Ressourcen finden

Eine Ressource ist etwas, das uns wieder zurück zu uns selbst bringt, uns mehr inneren Raum gibt, uns hilft zu entspannen, die Freude am Leben zu spüren, eine Verbindung mit der Existenz zu fühlen und Abstand zu dem zu finden, was uns Stress und Anspannung bereitet. Rückschläge, Ablehnung, Versagen, ja selbst die Erwartung, zu versagen oder abgelehnt zu werden, Zeitdruck, Finanzen und Termine usw. können die meisten von uns in enormen Stress versetzen. Wir fühlen uns überfordert und werden gereizt, selbstkritisch oder verzweifelt und verlieren die Freude am Leben. In solchen Zeiten brauchen wir unsere Ressourcen.

Es geht darum zu lernen, die Frequenz zu wechseln. Wenn die Nadel sich dem roten Bereich nähert, ist unser Nervensystem aktiviert, unsere Psyche überfordert und unser Kopf voller negativer Gedanken. Wenn wir beginnen, uns um uns selbst zu kümmern, beruhigt sich unser Nervensystem wieder und eine neue Realität kann einsetzen. Die Stimmen in unserem Kopf verändern sich und der innere Stress wird durch mehr Frieden und Stille ersetzt.

Eine Ressource ist nicht etwas Einmaliges, sondern etwas, das wir über einen gewissen Zeitraum kultivieren, bevor es uns zu nähren beginnt. Das kann eine körperliche Aktivität, wie Joggen, Sport, Tanzen, Yoga usw. sein oder eine kreative Betätigung, wie Kunst, Musik oder Tanz. Eine natürliche Umgebung kann unser Nervensystem beruhigen und uns helfen, zu uns selbst zurück zu finden. Manchmal müssen wir ein gewisses Maß an Energie und Ausdauer in eine Ressource stecken, damit sie sich zu einer entscheidenden Stütze in unserem Leben entwickelt.

Eine Teilnehmerin erzählte zum Beispiel, dass sie regelmäßig unter starken Depressionen litt, die tagelang anhielten. Als wir sie fragten, was ihr in ihrem Leben Freude bereitete und ihr Energie gab, zählte sie eine lange Liste auf – Reiten, Yoga, Tai Chi, Meditation und Tanzen. Wir schlugen ihr vor, sich auf eines davon zu fokussieren und die anderen für den Moment fallen zu lassen. Als wir sie ein Jahr später wieder trafen und fragten wie es ihr ging, erzählte sie ganz aufgeregt, dass sie unserem Rat gefolgt war und begonnen hatte, zweimal und später dreimal die Woche Tai Chi-Stunden zu nehmen. Mittlerweile unterrichtete sie selbst Tai Chi. Ihre Depressionen hatten so nachgelassen, dass sie aufgehört hatte, Antidepressiva zu nehmen und wenn sie kamen, erholte sie sich schnell wieder davon. Tai Chi war zu einem guten Freund für sie geworden, der immer für sie da war, vor allem wenn sie Unterstützung brauchte.

Eine andere Teilnehmerin, die auch depressiv und sogar suizidgefährdet war, hatte mit Fitnesstraining und Langstreckenlauf begonnen. Sie erzählte, dass dieses neue Hobby ihr das Leben gerettet hatte. Sie trainierte regelmäßig und genoss die Lebendigkeit ihres Körpers. Sie aß gesund und war stolz darauf, dass sie sich ihren Ängsten stellen konnte.

Unserer Erfahrung nach ist eine der wichtigsten Ressourcen, gesunde, lebensbejahende Routinen zu finden: regelmäßige körperliche Betätigung, gesunde Ernährung und sich Zeit zu nehmen, um allein zu sein und zu entspannen. Solche Routinen haben viele positive Auswirkungen auf unser Leben.

Die meisten von uns haben einen Teil in sich, der positiv und inspiriert ist vom Leben und der Suche nach Wahrheit,

Liebe und Zufriedenheit. Wir haben aber auch einen anderen Teil, der sich überfordert und verzweifelt fühlt und aufgeben will. Eine Energie zieht uns zu Wahrheit, Licht und größerer Liebe hin – für uns selbst, für andere, für das Leben. Die andere zieht uns nach unten – zu Depression, Sabotage und Selbstzerstörung.

Wenn wir uns daran gewöhnt haben, so zu leben, dass mehr Licht in unserem Leben ist, dann wollen wir immer mehr in diesem positiven Lebensfluss sein. Gesunde Routinen nähren unsere positive und schwächen allmählich unsere negative Seite. Dann baut sich ein Momentum auf, das uns auf der Spur hält, weil sich unser Wesen und unser Körper davon genährt fühlen.

Wenn wir gestresst oder deprimiert sind, helfen uns diese Routinen, die Frequenz zu wechseln und unser Leben wieder in Fluss zu bringen. Sie unterstützen uns auch darin, selbstzerstörerisches Suchtverhalten loszulassen, weil wir negative durch positive Gewohnheiten auswechseln.

Unser Körper lässt uns wissen, was er bevorzugt. Wir geben unserem Körper eine Chance, zu seinem natürlichen Rhythmus und seiner Weisheit zurückzukehren. Es hilft auch, uns mit liebevollen, unterstützenden Menschen zu umgeben. Wir erklären Klienten oft, wie wichtig es für ihre Heilung ist, sich von den Personen zu trennen, die bei ihnen Scham und Schock auslösen und stattdessen Menschen zu finden, die sie darin unterstützen, ihre Essenz, Talente und ihre Schönheit zu entdecken.

Andrea wohnte teilweise bei ihren Eltern, weil es finanziell günstiger war. Aber sie setzte sich derselben negativen, depressiven Energie ihrer Mutter und der verurteilenden und oft wütenden Energie ihres Vaters aus, die sie während ihrer gesamten Kindheit erfahren hatte. In diesem Energiefeld war sie oft deprimiert und energielos. Sie hatte das Gefühl, dass es nicht nur finanziell schwierig sein würde, wenn sie auszog, sondern dass sie außerdem ihre Mutter, der sie als emotionale Stütze diente, im Stich ließ. Wir ermutigten sie, den Preis zu fühlen, den sie dafür zahlte, zu Hause zu wohnen. Irgendwann würde sie erkennen, dass er höher war, als die Schuld, ihre Mutter zu verlassen und die Angst, es allein zu schaffen.

Wir beide haben unsere Ressourcen über viele Jahre entwickelt, unsere Hauptressource ist jedoch Meditation – uns Zeit zu nehmen, nach innen zu gehen und mit dem da zu sein, was sich zeigt. Meditation ist für uns der Prozess zu lernen, zum Beobachter unseres Lebens zu werden – unseres Atems, unserer Körperempfindungen, unserer Emotionen, Gedanken, Irritationen, unserer Freude – wahrzunehmen, was immer im Moment geschieht. Diese Qualität entwickelt sich.

Heute bedeutet Meditation für uns nicht nur in Stille zu sitzen, obwohl wir auch das regelmäßig tun, sondern die kleine Anstrengung, immer Beobachter zu sein. Ohne inneren Raum reagieren wir normalerweise automatisch und unbewusst, wenn etwas uns stört oder Emotion, Schmerz oder Angst auftauchen.

Wenn unsere Meditation tiefer wird, fällt es leichter, zur Beobachtung von Atem und Körper zurückzukehren, statt automatisch zu reagieren. So können wir eher spüren, was unsere natürliche Antwort auf die Situation wäre. Auf diese Weise lösen wir uns allmählich von zwanghaften Reaktionen und kommen zurück nach Hause.

Der Sex blüht auf,
wenn wir uns im Leben erfüllt fühlen

Eine der größten Ursachen für Beziehungsprobleme, vor allem beim Sex, ist nicht zwischenmenschlicher Natur, sondern kommt von außen. Wenn wir uns zum Beispiel in unserem Leben und unserem kreativen Ausdruck unerfüllt und frustriert fühlen, wird unser Sexleben darunter leiden und es kann sogar vorkommen, dass wir unsere Frustration im Sex ausagieren. Dies ist nicht nur unangemessen, es bewirkt außerdem, dass wir uns schlechter fühlen. Viel besser ist es, die Wurzel des Problems zu erkennen und die Schritte zu tun, die für die Heilung nötig sind.

Unsere Sexualität leidet auch, wenn wir die andere Person oder Sex als Mittel sehen, um uns von Angst und innerer Unruhe zu befreien. Eine gesunde Sexualität ist nicht dazu da, Spannungen abzubauen, sondern ein Geben und Empfangen von Liebe. Sexualität ist am besten, wenn wir nicht aus Mangel und dem Gefühl, nehmen zu wollen, kommen, sondern aus einem Überfließen und dem Gefühl, geben und teilen zu wollen.

Übung, um Stress und Angst abzubauen

1. Erkenne, wann du unruhig wirst, ängstlich oder unter Stress bist (vielleicht merkst du es daran, dass du schneller wirst, irritiert bist, sehr schnell sprichst, etc.)

2. Nimm dir Zeit, um die Aufregung, die Anspannung oder die Angst im Körper zu spüren (flache Atmung, das Herz schlägt schneller, angespannte Muskeln, Magenprobleme, Rückenschmerzen?).

3. Beobachte, wie das dein Denken beeinflusst (zwanghafte, immer wiederkehrende Gedanken, zwanghaft auf Details achten?).

4. Beobachte, wie du normalerweise auf die Unruhe reagierst (mit Wut, Anschuldigungen, Kollabieren, Aufgeben, oder noch schneller werden?).

5. Jetzt nimm dir etwas Zeit und setze dich hin, schließe deine Augen und nimm fünf sanfte, tiefe Atemzüge. Dann richte deine Aufmerksamkeit auf deinen Atem, spüre wie er wieder normal wird und lass deine Augen dabei geschlossen. Zehn Minuten reichen, um dein Nervensystem zu verändern.

6. Während du dir erlaubst, deine Anspannung, deine Unruhe oder deine Angst zu spüren, öffne deine Hände (und vielleicht sagst du dabei: „Bevor ich wieder kämpfe, akzeptiere ich es lieber und überlasse es der Existenz.")

12. Kapitel

Emotionen haben keine Ohren, nur Münder!

Lernen, miteinander zu sprechen

VOR KURZEM ARBEITETEN WIR MIT EINEM PAAR, DAS BEZIEHUNGS-stress hatte. Sie waren seit zwölf Jahren zusammen und hatten zwei Kinder. Es schien, als stritten sie über alles – wie man die Kinder erzieht, über Sex, über die Finanzen und darüber, wohin und wann man in die Ferien geht. Die Frau beschwerte sich, dass er zu nachsichtig mit der Tochter im Teenageralter war, und gab ihm die Schuld daran, dass sie zu viel Zeit mit den „falschen Leuten" verbrachte. Sie meinte, im Sex sei er zu aggressiv und er erzähle ihr nichts über seine finanzielle Situation und wollte immer nur da Ferien machen, wo er Golf spielen konnte. Er im Gegenzug erklärte, dass sie den Kindern nicht zuhörte, dass Sex nie von ihr initiiert würde, dass sie unverantwortlich mit Geld umgehen würde und an langweiligen Plätzen Urlaub machen wollte. Diese Szene vor Augen, fragt man sich, warum die beiden noch zusammen sind. Aber so seltsam es klingt, sie liebten sich und hatten vieles gemeinsam.

Ihr Problem war, dass sie einander nicht zuhören konnten. Wann immer sie versuchten, über Dinge zu reden, endete das in Streit, sie brüllten sich an, rannten aus dem Zimmer oder legten den Telefonhörer auf. Aber sie haben die Chance, das zu lernen, es gibt da ein paar simple Tricks.

Das hilfreichste Element für eine liebevolle Kommunikation ist der aufrichtige Wunsch, uns mit dem anderen zu verbinden. Dafür müssen wir lernen, mit dem Herzen zuzuhören, uns unserer eigenen Ängste bewusst zu werden, sie zu spüren und uns ehrlich zu zeigen, ohne Schuldzuweisung oder Recht haben zu wollen.

Ein anderes Mal wurden wir gerufen, um in einem Konflikt zwischen zwei Freunden zu vermitteln. Sie arbeiteten als Therapeuten zusammen und der eine mietete einen Raum im Therapiezentrum des anderen. Als sie ihren Kummer schilderten, wurde klar, dass sie beide guten Grund hatten, verletzt und wütend auf den anderen zu sein. Einer der beiden war unfähig, zuzuhören. Jedes Mal, wenn sein Freund versuchte zu erklären, warum er verletzt war, unterbrach er ihn und erklärte, warum er im Recht sei. Am Ende gaben wir den Versuch, ihnen zu helfen, auf, weil es keine gegenseitige Bereitschaft gab, zuzuhören. Der Mann, der sich zwanghaft verteidigte, war nicht bereit, für seinen Teil der Geschichte Verantwortung zu übernehmen und zu sehen, dass auch sein Freund guten Grund hatte, verletzt zu sein. Ohne die gemeinsame Absicht, einander zu hören und anzunehmen, konnte der Konflikt nicht gelöst werden.

Häufig glauben wir, dass wir bereits kommunizieren, wenn wir zueinander sprechen (oder einander anschreien). Das ist nicht wahr. Um zu kommunizieren, muss ein Teil in uns bereit sein, zuzuhören. Die meisten von uns haben nie gelernt, zuzuhören, weil man uns als Kind nicht zugehört hat.

Ich (Krish) habe früh in meiner Kindheit aufgehört, mich mitzuteilen, doch den Grund dafür erkannte ich erst viel später in der Therapie. Es fühlte sich nicht richtig an, etwas zu sagen, weil ich Ratschläge und Meinungen bekam, statt dass mir zugehört wurde und ich mich angenommen fühlte. Noch heute reagiere ich auf Ratschläge und Meinungen allergisch (außer natürlich, ich bitte darum). Ich wollte, dass mir jemand zuhörte, nicht dass jemand mich zurechtweist oder mir sagt, was ich tun sollte. Wenn ich auf meine Kindheit zurückblicke, sehe ich, dass viel geredet, aber selten kommuniziert wurde. Es gibt in meiner Familie das Muster, dass meine Verwandten glauben, sie wüssten, was für andere das Beste wäre. Wenn wir in einem Umfeld aufwachsen, in dem die Menschen einander nicht zuhören, lernen wir, was es bedeutet, nicht zu kommunizieren.

Was heißt es eigentlich, zu kommunizieren? Zwei Menschen tauschen Informationen untereinander aus. Du hast kommuniziert, wenn du nach dem Gespräch mehr über die andere Person weißt, mehr über seine oder ihre Gefühle, Gedanken, Sichtweisen und innere Welt.

Aber Kommunikation wird zu einer Herausforderung, wenn wir der anderen Person nahe stehen. Es ist schwer, den Anderen zu erreichen, wenn wir sehr emotional sind und befürchten, nicht gehört zu werden. Dann können wir auch nicht gut zuhören und uns nicht so ausdrücken, dass der Andere uns versteht. Wir fühlen uns vielleicht so verletzt und ärgerlich, dass wir nicht kommunizieren, sondern nur unserem Ärger Luft machen. Sich Luft machen heißt, anzugreifen, darauf folgt ein Gegenangriff und es gibt Krieg, statt Kommunikation. Aber beide Parteien denken, sie kommunizieren.

Über die Jahre haben wir ein paar Dinge über Kommunikation gelernt – ein paar Wesentliche. Hier sind sie:

- **Emotionen zeigen sich meist nicht so, dass der andere sie gut hören kann.**

Sie wollen den Anderen oft angreifen, ihm etwas vorwerfen oder ihn bestrafen und rufen Verteidigungsmechanismen, Verletzungen und Ablehnung hervor. Und: Emotionen sind keine guten Zuhörer. Sie bringen dich dazu, dass du dich verteidigst und beweist, dass du Recht hast. Zu kommunizieren, wenn wir emotional sind, ist meist nicht einfach, denn Emotionen haben keine Ohren, sie haben nur Münder. Mit anderen Worten, wenn wir emotional sind, können wir auf die Barrikaden gehen, um uns Gehör zu verschaffen, aber was der Andere zu sagen hat, interessiert uns wenig.

Es liegt in der Natur einer intimen Beziehung, dass wir darin immer wieder provoziert werden. Wir wollen verstanden, respektiert, liebevoll und sensibel behandelt, angenommen, wertgeschätzt und bedingungslos geliebt werden. Wir wollen den Sex, nach dem wir uns sehnen. Die Liste ist endlos. Wenn wir emotional sind, können wir uns vielleicht ausdrücken, aber das bedeutet nicht, dass wir kommunizieren. Erst wenn wir etwas Abstand vom emotionalen Sturm haben, kann Kommunikation stattfinden.

> Um zu kommunizieren, hilft es, wenn wir verstehen, wann unsere Emotionen die Oberhand haben und wir uns aus diesem Raum heraus ausdrücken oder zuhören. Und es hilft, zu unterscheiden, wann wir uns wie ein emotionales Kind äußern und wann wir aus unserer Mitte kommunizieren und gelassen sind.

Es ist nichts falsch daran, wenn wir uns Luft machen, aber wichtig dabei ist es, das emotionale Kind dahinter zu verstehen, es kommuniziert nicht, sondern lässt Dampf ab. Deswegen ist es gut, wenn wir in einem emotionalen Zustand warten, bis wir wieder ruhig und gefasst sind, bevor wir kommunizieren.

- In einer intimen Partnerschaft projiziert man automatisch die unerfüllten Kindheitsbedürfnisse auf den Partner und wird dann ärgerlich, wenn man sie nicht erfüllt bekommt.

Nichtsdestotrotz: Der Partner ist nicht dafür zuständig. Wenn wir uns unserer Projektionen nicht bewusst werden, wird unsere erwachsene Kommunikation immer wieder von kindlichen Erwartungen durchkreuzt werden. Damit es mit der Intimität klappt, müssen wir erkennen, was und wann wir bewusst oder unbewusst auf den Partner projizieren und es zu uns zurücknehmen. Üblicherweise projizieren wir in einer intimen Beziehung auf unseren Partner unsere Empfindlichkeit darüber, nicht respektiert zu werden. Wenn das berührt wird, reagieren wir automatisch, gewohnheitsmäßig und unbewusst. Es hilft der Kommunikation sehr, wenn wir wissen, welche Grenzen in der Kindheit verletzt wurden.

> Wenn zwei eine Liebesbeziehung eingehen, sind sie sich nicht bewusst darüber, wie sehr sie sich gegenseitig provozieren werden, wie leicht und unbewusst sie ihre gegenseitigen Bedürfnisse aufeinander projizieren oder dass sie respektlos dabei werden können. Deshalb ermutigen wir die Menschen, sich dessen bewusst zu werden, wie ihre Wunden ihre Liebesbeziehungen sabotieren können. Wir wissen, dass sich innere Arbeit manchmal lästig anfühlt und keine schnellen Ergebnisse bringt. Aber bleibt am Ball! Wenn wir bewusstere Menschen werden wollen, wird eine Zeit kommen, in der unsere Vergangenheit nicht länger unsere Anstrengung sabotiert. Und eine lang anhaltende Liebe wird in unserem Leben Platz haben.

Mit diesen Einsichten im Hinterkopf möchten wir euch jetzt ein paar Richtlinien für eine bewusste Kommunikation vorstellen.

1. Teile ich mich mit, um zu kommunizieren oder um mir Luft zu machen?

Es mag gesund und wichtig sein, seiner Frustration, dem Ärger und Verletztsein Luft zu verschaffen. Aber verwechsle das nicht mit Kommunikation. Kommunikation bedeutet die Grundeinstellung, dass wir etwas über uns mitteilen, aber auch offen für Information über die andere Person sind. Es heißt, dass wir nicht nur reden, sondern auch zuhören und unseren Partner fühlen wollen. Wenn wir unseren Partner davon überzeugen wollen, dass wir im Recht sind und er oder sie im Unrecht ist, wird keine Kommunikation zustande kommen.

Wenn wir emotional sind, ist es ganz natürlich, dass wir den Anderen beschuldigen und versuchen, ihm das Gefühl zu geben, dass er unrecht hat. Aber meistens gehen wir dann noch frustrierter auseinander. Wenn wir beschuldigen, sind wir nicht verletzlich und wenn unser Partner sich beschuldigt fühlt, wird er oder sie sich verschließen.

2. Schütze ich mich oder bin ich verletzlich?

Wenn wir den Unterschied zwischen Verletzlichkeit und Schutzverhalten wahrnehmen, können wir die Reaktionen darauf verstehen. Kommunikation findet statt, wenn wir uns verletzlich fühlen. Kampf und Distanz, wenn wir uns schützen. Üblicherweise bekommen wir dieselbe Energie zurück, die wir aussenden. Es ist wichtig zu wissen, was wir mitbringen, wenn wir uns mit jemand an einen Tisch setzen, denn es bestimmt den Ausgang des Gesprächs.

Wenn wir in unserem Schutzverhalten sind, fühlt sich das so an: wir werden eng, angespannt, zurückhaltend oder aggressiv, sind auf der Hut, misstrauisch, haben Erwartungen und sind auf die andere Person fokussiert. Verletzlichkeit fühlt sich anders an – wir sind eher unsicher, verletzlich und wollen mit dem Anderen Verbindung aufnehmen. Unsere Aufmerksamkeit liegt bei uns und unseren Gefühlen. Wir sind nicht darauf fokussiert, etwas vom anderen zu bekommen oder ihn zu verändern.

Wenn wir uns verletzt fühlen, ist die natürliche und gewohnte Reaktion, uns zu schützen – anzugreifen oder uns zurückzuziehen. Mit dieser Reaktion sabotieren wir jedoch jegliche Kommunikation. Wenn wir uns ein wenig beruhigt haben und uns erlauben, den Schmerz zu fühlen und ihn unserem Partner zeigen, dann kann Kommunikation stattfinden. Vielleicht ist die andere Person nicht bereit, uns in ihrer Verletzlichkeit zu begegnen und so kann es sein, dass wir warten müssen. Wenn beide nicht offen sind, ist das ein Signal, sich mit seinen Ressourcen zu verbinden und den Moment abzuwarten, in dem Begegnung wieder möglich ist. Wenn wir erwarten, dass die andere Person sensibel und offen für uns sein soll, wenn wir soweit sind, dann sind wir noch in unserem Schutzverhalten. Und was dann zu uns zurückkommt, ist eine Schutzreaktion.

3. Habe ich die Absicht, zuzuhören?

Weil die Meisten von uns nicht gelernt haben, wie man zuhört, wird es nicht automatisch klappen. Wir brauchen die bewusste Absicht, zuzuhören. Um zuhören zu können, müssen wir innerlich bewusst umschalten, weg von unseren Emotionen und unserer Bedürftigkeit, hin zu einem inneren Raum, der offen und empfänglich ist. Wir schlagen am Ende des Kapitels eine einfache Übung dazu vor, die wir frei nach der von uns geschätzten Arbeit von Harville Hendricks, siehe Referenzen, gestaltet haben. Zuhören muss man üben.

Wir probierten diese Technik kürzlich in einem Seminar bei

einem Paar mit sexuellen Problemen. Beide waren so emotional und verletzt, dass sie sich ständig unterbrachen und im Verlauf des Gesprächs wurden sie immer erhitzter und verzweifelter. Sie fühlten beide, dass ihre sexuellen Bedürfnisse nie erfüllt werden würden, weil der Andere nicht bereit war, sich zu ändern oder auch nur ihre Gefühle zu verstehen. Sie konnten wahrnehmen, wie emotional sie waren und wie schwierig es war, zuzuhören, wenn das emotionale Barometer so stark ausschlug. Es half ihnen zu sehen, dass sie beide, alte schmerzhafte Muster wiederbelebten, und dass die Wurzeln dieser Muster aus früheren Traumata stammten.

Es wird leichter zuzuhören, wenn wir verstehen, wie wir unsere Kommunikation mit Emotionen sabotieren und wenn wir die Panik hinter unseren Bedürfnissen und Ängsten spüren. Der nächste Schritt, wann immer er möglich wird, ist, unsere Bedürfnisse und Ängste aus einem Raum von Verletzlichkeit heraus zu kommunizieren.

4. Was für Ängste und Bedürfnisse hat mein Partner gerade?

In gewisser Hinsicht ist dieser Punkt in den drei vorhergehenden enthalten, aber er ist so fundamental für die Kommunikation, dass er es verdient, einzeln behandelt zu werden. Wenn wir jemanden lieben, heißt das nicht, dass wir die Bedürfnisse der anderen Person befriedigen müssen. Liebe heißt aber, dass wir uns öffnen und ihre Bedürfnisse, Ängste und Schmerzen fühlen, sie verstehen und die andere Person in unser Herz aufnehmen.

> **Liebe gibt uns die Gelegenheit, unseren Narzissmus zu transzendieren, über den gewohnten Fokus auf uns selbst hinauszuwachsen und zu lernen, für einen anderen Menschen präsent zu sein.**

Sie bedeutet nicht, dass wir unser Leben und unsere Interessen aufgeben oder die andere Person vor ihren Ängsten retten sollen. Aber es heißt, dass wir nicht mehr nur an uns selbst denken. Unser Fühlen und Denken schließt unseren Partner mit ein – wie er oder sie fühlt, was ihre oder seine wunden Punkte, Ängste, Sehnsüchte, Vorlieben, Gewohnheiten und Macken sind.

Das ist am schwierigsten, wenn bei uns selbst etwas ausgelöst ist. Dann wird unsere Liebe getestet, denn es ist viel leichter, zu lieben, wenn unsere Knöpfe nicht gedrückt sind. Unser Herz offen zu halten, wenn wir befürchten, dass unsere Bedürfnisse nicht erfüllt werden, ist ein wirklicher Test für die Liebe.

Wir arbeiteten mit Leo und Sylvia über mehrere Jahre. Während dieser Zeit war ihre Beziehung stürmisch. Was das Überleben der Beziehung zum Teil möglich machte, war, dass sie, wenn sie eine Streitpause einlegten, großartigen Sex miteinander hatten. Energetisch passten sie gut zusammen. Beide sind leidenschaftliche, engagierte, intelligente, herzliche Menschen. Beide sind erfolgreich in ihren Karrieren und verfügen über eine tiefe Bereitschaft, zu wachsen und lieben zu lernen. Ihr Sexleben reflektierte diese energetische Kompatibilität. Aber wenn sie auf andere Art Zeit zusammen verbrachten, flogen die Fetzen!

Er fühlte sich von ihrer Bedürftigkeit und ihren Forderungen, dass er ihr zuhören und sich um sie kümmern sollte, überrollt. Sie war von ihrem Vater missbraucht worden und war demzufolge hyperkinetisch, extrem emotional und ständig am reden. Er war von einer überfürsorglichen, dominierenden und besitzergreifenden Mutter missbraucht worden. Wenn Sylvia ihm zuviel wurde, drohte er, sie zu verlassen, was ihre Panik nur verschlimmerte.

Aber trotz des hochgradigen Dramas in ihrer Beziehung hatten sie die klare Absicht, ihre Liebe zu bewahren und zu lernen, einander zuzuhören.

Wir brachten ihnen diese einfache Technik bei, die Ängste und Verletzungen auszusprechen und anzuhören.

Er war von ihrer Angst überwältigt und davon, dass sie ihm den Raum nicht geben konnte, wenn er Abstand von ihr brauchte, ähnlich wie er es als Kind erlebt hatte. Sie hatte ständig Angst, dass sie ihm zuviel war und er sie verlassen würde, wie es ihr in ihrer Kindheit ergangen war. Als sie einander zuhörten, waren sie zutiefst berührt voneinander und spürten die Liebe zwischen ihnen wieder fließen.

5. Wovor habe ich Angst und was tut mir weh?

Die letzte Frage ist in gewisser Weise die wichtigste. Wann immer wir uns gestört fühlen oder emotional sind, liegen darunter Verletzung und Angst. Wenn unser Fokus nicht darauf gerichtet ist, die Angst und die Verletzung zu fühlen und ans Licht zu bringen, geht unsere Kommunikation daneben.

> **Angst und Verletzungen, die nicht anerkannt, gefühlt und mitgeteilt werden, sabotieren Kommunikation. Wenn wir aus Angst und Schmerz heraus reagieren, ist Kommunikation schwierig, weil wir in Panik sind und in diesem Zustand die andere Person von uns wegstoßen.**

Wenn wir verletzt sind, ist es meist, weil wir uns missverstanden fühlen, wir nicht die Liebe und Aufmerksamkeit bekommen, die wir uns wünschen oder wir uns verlassen, nicht sicher und nicht respektiert fühlen. Schmerz und Angst rufen Panik in uns hervor und wenn wir unter dem Bann der Panik stehen, ist unser Hauptziel nicht Kommunikation, sondern uns in Sicherheit zu bringen oder den Anderen auch zu verletzen. Wenn wir uns dessen bewusst sind, können wir, sogar wenn wir aus Panik reagiert haben, uns beruhigen und einen aufrichtigen Versuch der Kommunikation starten.

Zur Erinnerung: Um die Liebe zu vertiefen brauchen wir eine bewusste Kommunikation und Verbindung zwischen uns. Es liegt nicht in unserer Natur, anzugreifen, zu strafen, zu schimpfen oder der anderen Person zu beweisen, dass wir Recht haben. Es ist nicht von Natur aus so, dass wir Streit und Vorwürfe brauchen. Aber wenn wir uns nicht ständig bemühen, in Verbindung miteinander zu bleiben und auf eine erwachsene Art zu kommunizieren, dann werden Verletzungen und die Distanz zwischen uns wachsen. Wenn wir uns an die folgenden Schritte halten, erlauben wir unserem Herzen, die Regie zu übernehmen, damit die Liebe wieder fließen und die Beziehung sich vertiefen kann, wie es ihre Bestimmung ist.

Kurz gesagt, Kommunikation ist möglich, wenn wir etwas Abstand von unseren Ängsten nehmen und uns für die Gefühle, Ängste und Verletzungen unseres Partners öffnen.

Technik für bewusstes Kommunizieren

1. Sei dir bewusst, wann du dich verletzt, ärgerlich oder vorwurfsvoll fühlst oder dein Herz für die andere Person verschlossen ist. (Wenn du dich zurückziehst von der anderen Person, lass es nicht einfach so passieren, und tu nicht so, als ob es dir nichts ausmacht, denn der Abstand wird größer werden. Entscheide dich, darüber zu reden.)

2. Wenn du dich verletzt, ärgerlich oder vorwurfsvoll fühlst, nimm dir Zeit, mit dir allein zu sein. Zeit schwächt oft die Ladung. (Spüre, dass die Verbindung zu dieser Person wichtig für dich ist. Geh nach innen und spüre nach, ob du in irgendeiner Weise übergriffig oder respektlos warst. Nimm dir Zeit, den Schmerz zu spüren und versuche, ihn in Worte zu fassen.)

3. Jetzt gehe wieder zu der anderen Person und sage, dass du etwas Wichtiges mitteilen möchtest. Frage, ob sie den Raum hat, zuzuhören. (Wenn nicht, frage, wann dafür eine gute Zeit ist, weil es wichtig ist. Wenn von der anderen Person keine Bereitschaft zur Kommunikation besteht, suche professionelle Hilfe oder sprich mit einem Freund.)

4. Wenn die Bereitschaft zur Kommunikation besteht, nimm dir genau zehn Minuten Zeit, dich mitzuteilen. Du kannst folgendermaßen anfangen: „Ich fühle mich verletzt oder ich bin verärgert, wenn du...", und hier ganz genau sagen, was. (Streng dich an, aus dem Herzen über deine Gefühle zu sprechen, ohne zu beschuldigen, anzugreifen oder die andere Person zu analysieren). Während der zehn Minuten

hört die andere Person nur zu. (Wenn du der Zuhörer bist, kannst du jederzeit sagen, falls es dir zu viel wird: „Warte, ich brauche etwas Zeit, um das aufzunehmen…")

5. Wenn du dein Verletztsein mitgeteilt hast, kann der Zuhörer aus seinem Herzen heraus sagen: „Ich höre dich und ich verstehe es." (Zuhörer: Widerstehe der Versuchung, dich zu verteidigen).

6. Jetzt kann der Zuhörende sich zehn Minuten lang mitteilen. Er folgt auch den zuvor genannten Richtlinien.

7. Der neue Zuhörer wird am Ende darauf antworten, indem er von seinem Herzen aus sagt: „Ich höre dich und ich verstehe es."

13. Kapitel

Es geht immer um Verbundenheit

Im „Liebesstrom" leben und lieben

DIE LIEBE IST EIN EIGENES UNIVERSUM. ES IST, ALS EXISTIERTE SIE IN einer Parallelwelt zu unserem üblichen Dschungel, der voller Wettkämpfe, Urteile, Gefühle der Unter- oder Überlegenheit, Druck, Schnelligkeit, Machtspiele usw. ist. Diese andere Welt, wo die Liebe zu Hause ist, nennen wir „den Liebesstrom". Er wird tief empfunden, ist sanft und fließend. Es braucht etwas innere Arbeit, ihn zu finden und wenn wir einmal darin sind, mit uns selbst und/oder mit jemand anderem, bringt er uns ein tiefes Gefühl inneren Friedens – als würde etwas in uns an seinen Platz rücken. Das ist unser natürlicher Seinszustand und wenn wir ihn finden, fühlt es sich an wie nach Hause kommen.

Im Liebesstrom können Scham und Schock auftauchen, aber wir haben den inneren Raum, um den Teil in uns, der diese Gefühle hat, zu fühlen, akzeptieren und sogar zu lieben. Auch unserem Partner können wir mit Mitgefühl und ohne ihn zu verurteilen, erlauben, Angst zu haben und sich zu schämen. In diesem Energiefeld gehen solche Gefühle und das Gefühl der Trennung von uns selbst und voneinander schneller vorbei.

Im üblichen Dschungel können Scham, Angst und Schock niederschmetternd sein, weil wir uns dort bereits im Zustand des Getrenntseins und des Urteilens befinden.

Den Weg zurück in den Liebesstrom finden

Wenn unsere Wunden berührt werden, verlassen wir den Liebesstrom, und reagieren mit Schuldzuweisung, Urteil, Rache, Kontrolle, Manipulation oder Isolation. In solchen Momenten hilft es, Verbindung mit unserer Angst aufzunehmen, sie zu fühlen und mitzuteilen, um wieder in den Liebesstrom zu kommen. Wenn wir ihn verlassen, ist das sehr schmerzhaft, weil wir uns plötzlich getrennt von uns selbst und unserem Partner fühlen. Natürlich wollen wir alles tun, um wieder zurückzukommen. Aber unsere Panik, in den Liebesstrom zurückkehren zu wollen, macht es oft noch schwieriger, den Weg zu finden. Manchmal können wir nur warten und unserem Herzen und der Liebe erlauben, zurück zu kommen. Meistens ist die Liebe nicht verschwunden, es fühlt sich nur so an, weil sie von Verletzung, Angst und Schmerz überdeckt ist.

Wenn wir uns jedoch dafür entschieden haben, die Liebe und das Vertrauen zu nähren und uns durch schwierige Zeiten durchzuarbeiten, bildet das die Grundlage, auf der wir schneller aus dem Dschungel zurück in den Liebesstrom kommen können. Unsere Anstrengung, die Liebe zu pflegen, zahlt sich aus.

> Wenn wir über Liebe sprechen, meinen wir
> nicht das Gefühl der Herzöffnung, das wir auch
> im unverbindlichen sexuellen Kontakt erfahren
> können. Wir meinen die Tiefe, die sich nur dann
> entwickelt, wenn wir unsere Blume der Liebe in
> einer dauerhaften Beziehung genährt haben,
> eine Liebe, die durch harte Prüfungen gegangen
> ist, in denen wir uns unserer Angst, Scham und
> unseren Machtspielen gestellt haben.

Sex ist der Testlauf, um im Liebesstrom zu bleiben

Wenn wir im Liebesstrom sind, wird Sex zu wirklichem „Liebe machen". Wenn wir Sex haben, ohne im Liebesstrom zu sein, dann haben wir einfach Sex. Im Liebesstrom gibt es ein natürliches Verlangen, der Person, die wir lieben, näher zu kommen und die Verbindung zu fühlen und zu vertiefen. Dann wollen wir die Körper zusammen bringen und Liebe machen, selbst wenn wir nicht erregt sind. Wir wollen einfach zusammen sein.

Sex ist jedoch immer wieder eine Herausforderung, wenn es darum geht, im Liebesstrom zu bleiben. Wenn der Liebesstrom durch nichts gestört wird, während wir Liebe machen, kann die sexuelle Energie leicht und spontan fließen. Dann fühlen wir uns zutiefst erfüllt und genährt. Manchmal ist die Situation aber nicht frei von Komplikationen. Einer von uns kann sich grade nicht öffnen oder nicht so frei und spontan wie vorher kommunizieren. Oder wir fühlen uns gehemmt und unsicher oder tragen unserem Partner etwas nach. Vielleicht finden wir heraus, dass wir auf verschiedene Art und Weise Liebe machen wollen. Oder wir brauchen einfach neue Praktiken, die uns helfen, auf eine Art Liebe zu machen, die uns beiden gut tut.

Wenn zwei Menschen Disharmonie beim Liebemachen erleben, ist die Liebe auf die Probe gestellt. Wenn eine Person unerklärliche Körperreaktionen hat, die sie weder sich selbst noch dem Partner erklären kann, ist die Liebe auf die Probe gestellt. Wenn der eine Partner lieber meditative Sexualität möchte und der andere Leidenschaft und Erregung will, ist die Liebe auf die Probe gestellt. Und wenn eine Person nicht mehr Liebe machen will und nicht weiß warum, ist die Liebe auf die Probe gestellt. Wenn die Liebe tief und der Wunsch, im Liebesstrom zu sein, stark ist, ist es möglich, diese Prüfungen zu bestehen und sogar durch sie zu wachsen.

Wir kannten Stan und Elizabeth seit langem. Sie hatten große Schwierigkeiten in ihrem Sexleben, weil sie auf unterschiedliche Weise Liebe machen wollten. Stan wollte heißen und leidenschaftlichen Sex mit viel Aktivität, während Elizabeth es langsam und passiver mochte. Sie waren an dem Punkt, sich zu trennen, weil sie ständig deswegen stritten, obwohl sie einander immer noch liebten und zwei kleine Kinder hatten. Um zusammen zu bleiben, waren sie bereit, zu tun, was sie konnten. Wir hatten schon früher mit ihren emotionalen Themen gearbeitet, aber darum ging es hier nicht. Ihr Problem war, dass sie einfach eine neue Art, Liebe zu machen, finden mussten. Wir verwiesen sie an ein uns bekanntes Paar, das eine Technik des Liebemachens lehrt, die wir gleich beschreiben werden. Dies half ihnen zu lernen, feinfühliger miteinander zu sein. So konnten sich beide wieder dem Liebesstrom überlassen.

Im Liebesstrom geht es um das Verbundensein

Sexuelle Intimität bedeutet im Grunde, dass jede Person beim Liebesakt genauso sensibel für sich selbst wie für den Partner wird. Wenn wir im Liebesstrom sind, gibt es keine festen Vorstellungen mehr darüber, wie Sex sein sollte, um „gut" zu sein. So wird es leichter, Verletzlichkeit und sogar Traumata zu fühlen, wenn sie auftauchen und dabei liebevoll zu sein. Auf dieser Stufe geht es nicht mehr darum, etwas zu bekommen oder den Anderen zu benutzen, einen Orgasmus zu erreichen – es ist für beide Partner ein Geben.

Paradoxerweise schafft dieses Maß an Empfindsamkeit auch Raum für eine andere Leidenschaft und Intensität. Das ist, was wir unter *Sex auf Stufe III* verstehen. Beim *Sex auf Stufe III* umfängt die Liebe zwischen uns alles, was beim Liebemachen hochkommt. Es entwickelt sich eine Bereitschaft, auch wenn es schwierig ist, mit dem zu sein, zu fühlen und mitzuteilen, was immer für sie oder ihn geschieht.

Wenn Disharmonie aufkommt, bemühen wir uns, ohne Schuldzuweisung zu kommunizieren. Und diese Anstrengung nehmen wir auf uns, weil es für uns höchste Priorität hat, einen Weg zurück in den Liebesstrom zu finden. Das Verrückte ist – und wir erleben es ständig in unserer Arbeit – dass Scham, Schock, Funktionsstörung und Angst, wenn sie mit Liebe angenommen werden, sehr oft weniger werden und manchmal ganz verschwinden.

Neue Wege des Liebemachens finden

Auf *Stufe III* gibt es keine „richtige" Art Liebe zu machen, aber wir bemerken vielleicht, dass sich etwas in unserer Sexualität verändert. Wenn die Liebe tiefer wird, wollen wir auch mehr Tiefe, während wir Liebe machen – mehr Verbundenheit. Es kann auch sein, dass wir uns nach mehr Stille und weniger Tun sehnen. Wenn wir im Liebesstrom sind, ist es unendlich nährend, einfach nur die Liebesenergie zu fühlen, die zwischen uns fließt und uns umgibt. Dies ist leichter zu spüren, wenn wir stiller und weniger aktiv werden – wir nehmen wahr, wie unser Atem kommt und geht, wir spüren den sanften Kontakt unserer Körper miteinander und wie unsere Genitalien empfindsamer werden, wenn wir passiver werden.

Wie wir schon erwähnt haben, lernten wir am Anfang unserer Beziehung eine Art des Liebemachens, die sich grundsätzlich von allem unterschied, was wir bisher gekannt hatten. Wir machten einen Kurs, in dem die Prinzipien des Sexualitätslehrers Barry Long gelehrt wurden. Seine Lehren sind ziemlich radikal und sehr schön. Er behauptet, dass Sex mit Tun und der Sucht nach Erregung verseucht worden ist. Seiner Meinung nach ist die Vagina, durch die Art und Weise, wie die meisten Menschen konditioniert wurden, Liebe zu machen – mit Rein- und Rausbewegungen, Orgasmus und angetrieben von Erregung – mit männlicher Aggression und Gewalt infiziert worden. So hat sie gelernt, auf eine Art Liebe zu machen, die ihrer eigentlichen Natur entfremdet ist. Laut Barry Long ist die Natur der Vagina, sich zu öffnen und einen Penis zu empfangen, der nicht aggressiv und zielorientiert, sondern empfindsam, liebevoll und präsent ist. Aus seiner Sicht werden wir, wenn wir beim Sex stiller werden und unseren Fokus mehr auf die Verbindung als auf Erregung und Orgasmus richten, auf natürliche Weise ganz wach für uns selbst und füreinander und bleiben durch Augenkontakt, Körperwahrnehmung und Präsenz miteinander verbunden.

In diesem Kurs lernten wir eine ganz spezifische Methode des Liebemachens, die Barry Longs Prinzipien folgte. Der Ansatz ist ausführlich und mit viel größerer Kompetenz in anderen Büchern beschrieben (Diana Richardson, *Zeit für Liebe;* Barry Long, *Sexuelle Liebe auf göttliche Weise*). Wir möchten dennoch ein wenig darüber erzählen, vor allem darüber, wie wir es für uns adaptiert haben.

Bei dieser Methode wird alles, was Erregung erzeugt, vermieden. Stattdessen bringen die Partner ihre Körper zusammen und, nachdem sie eine bequeme Position miteinander gefunden haben, dringt der Mann auf entspannte Weise in die Frau ein und ruht einfach in ihr. Wichtig dabei ist es, wiederholende Bewegungen zu vermeiden, Augenkontakt zu halten und mit dem Atem zu entspannen, es sich zur Priorität zu machen, präsent zu bleiben und ab und zu mitzuteilen, was jeder in seinem Körper erlebt. Nach einer Weile kann eine sanfte Bewegung von

Seite zu Seite (statt rein – raus) folgen, einfach um ein geringes Maß an sexueller Stimulation aufrechtzuerhalten. Leichte sexuelle Stimulation wird genutzt, um die Erektion zu halten, aber es ist nicht so wichtig, dass der Penis hart ist. Oft ist es sogar so, dass er, wenn er etwas weicher ist, empfindsamer wird. Auch vom Orgasmus wird abgeraten. Wenn er passiert, ist das kein Problem, aber da die Technik dazu dient, zu lernen, die Sucht nach Erregung abzubauen, ist der Orgasmus nicht Teil der Praxis.

Wir praktizieren die Technik nicht mehr so, wie wir sie ursprünglich gelernt haben, weil wir Techniken und Methoden lieber beiseite lassen, um mit dem zu fließen, was im Moment für uns stimmt. Der Ansatz ist jedoch die Grundlage für unser Liebemachen. Obwohl es nicht unsere Absicht ist (und auch nicht unser Spezialgebiet) in diesem Buch diese spezielle (oder irgendeine andere) Methode des Liebemachens zu lehren, haben wir herausgefunden, dass es aus verschiedenen Gründen extrem hilfreich sein kann, auf eine alternative Weise Sex zu haben und den Fokus dabei auf die Verbindung zu legen und nicht automatisch in Erregung zu gehen.

- Es vertieft das Liebemachen und die Verbundenheit. Erregung kann oft ein Davonlaufen vor Tiefe und Intimität sein. Wenn wir uns Zeit nehmen uns zu verbinden, beginnen wir, uns in unserem tiefsten Kern zu berühren.

- Es ist ein Weg, wie Paare Liebe machen können, auch wenn Angst oder Unsicherheit da sind. Die Angst kann sich dabei langsam zurückziehen, während Vertrauen und Empfindsamkeit wachsen. Sich gemeinsam zu entspannen und anzunehmen, was immer während des Zusammenseins hochkommt, bildet Vertrauen.

- Es erinnert uns, mit unseren und den Bedürfnissen unseres Partners und unseren Körpern in Kontakt zu bleiben.

- Und zuletzt hilft es Männern, nicht zuviel Energie durch Orgasmus zu verlieren (was für mich, Krish, wirklich toll ist, weil es mir mehr Energie zum Tennisspielen lässt).

Durch den Prozess, zu lernen so Liebe zu machen, habe ich (Krish) noch etwas für mich entdeckt. Den Liebesstrom beim Liebemachen zu spüren, hat für mich das manchmal zwanghafte und gewohnheitsmäßige Verlangen nach Orgasmus ersetzt. Ich stellte fest, dass ich davor ziemlich süchtig nach Orgasmen gewesen war und beim Sex die unterschwellige Erwartung hatte, zu kommen. Ich genieße Leidenschaft immer noch – Amanas und meine eigene – aber es ist nichts Zwanghaftes mehr dabei.

Noch etwas gilt es zu erwähnen, das wir erfahren haben. Wenn wir uns in die Richtung von nicht aktivem Sex bewegen, braucht es eine Phase der Anpassung. Es kann sein, dass wir den Sex zu Beginn „langweilig" finden, weil wir an Erregung gewöhnt sind. Wenn wir aber den Liebesstrom spüren, füllt das den Platz der Langeweile aus.

Nicht aktiv zu sein gibt oft sogar mehr Raum, um den Liebesstrom und die Verbindung zwischen uns zu fühlen. Es ist, als würden wir uns für eine andere Art der Nahrung öffnen, als wir sie von der hohen Intensität der Erregung gewöhnt sind. Sie fühlt sich jedoch in vieler Hinsicht nährender und befriedigender an.

Ein Paar, mit dem wir arbeiteten, versuchte auf eine weniger aktive Weise Liebe zu machen, bekam aber Schwierigkeiten. Er begann mit seiner üblichen Routine, sie zu erregen, als er aber in sie eindrang – mit der Absicht langsamer zu werden und sich gemeinsam zu entspannen – kam er. Dann fühlte er so viel

Scham, dass er sich zurückzog und nicht mehr kommunizieren konnte.

Sie sagte: „Ich fühle, dass ich Doppelbotschaften bekomme. Ich weiß nicht, ob er heißen Sex haben oder auf diese neue Art Liebe machen will. Wenn wir einmal beide erregt sind, ist es natürlich, dass wir wieder auf die alte Art miteinander schlafen. Und wenn er so schnell kommt, fühle ich mich ein bisschen im Stich gelassen."

Wir fragten ihn: „Wie ist es für dich, Liebe zu machen, ohne erregt zu werden?"

„Ich fühle mich dann nicht wirklich wie ein Mann", antwortete er.

„Wie wäre es, dich ein bisschen zu entspannen, bevor du in sie eindringst? Es ist nicht so einfach, nicht zu kommen, wenn ihr beide erregt seid", schlugen wir vor.

„Daran habe ich noch nie gedacht."

„Liebe zu machen ohne die gewohnte Erregung, kann deine Scham und Unsicherheit, nicht „Mann genug" zu sein, hochbringen, aber das ist Teil der Erfahrung. Hast du das Gefühl, dass dir das etwas bringen könnte?", fragten wir. Er zögerte.

Sie sagte zu uns: „Ich habe mich wirklich danach gesehnt, dass er diese Anteile von sich aus mitteilt. Ich denke, es wird uns einander viel näher bringen."

Und zu ihm meinte sie: „Und außerdem musst du dich mir gegenüber nicht als Mann beweisen. Ich mag es viel lieber, wenn wir uns einfach miteinander verbinden. Wenn ich unsere Verbindung spüren kann, ist das mehr als genug für mich, weil ich dich liebe."

Konventioneller Sex kann retraumatisieren

Es kann sein, dass wir uns sicherer fühlen, wenn wir uns von der sexuellen Erregung wegbewegen. Bei heißem Sex kann es leichter passieren, dass wir uns traumatisiert fühlen, vor allem wenn wir schon ein sexuelles Trauma haben. Die Geschwindigkeit und Intensität von heißem Sex kann nicht nur schmerzliche Erinnerungsbilder auslösen, sondern auch retraumatisieren. Dann zieht sich unser Körper zusammen und wir bekommen vielleicht Angst davor, überhaupt Liebe zu machen.

Die Menschen, mit denen wir gearbeitet haben, die die Ebene von Verletzlichkeit und Trauma betreten haben, berichteten alle das gleiche: Wenn ihr Partner langsamer wird und Sensibilität und Respekt für ihre Ängste entwickelt, können sie sich langsam – ganz langsam – sicher genug fühlen, um sich wieder zu öffnen. Und überraschenderweise können sie dann mit mehr Freude zu heißem Sex zurückkehren und tiefere, nährendere Orgasmen als je zuvor genießen.

Andrew und Manuela waren in genau dieser Situation. Sie begann mit „Ich bekomme wahnsinnige Angst, wann immer wir Liebe machen oder es auch nur im Raum steht, dass wir Sex haben könnten."

Er sagte: „Wenn ich ehrlich bin, geht es mir auf die Nerven, dass sie soviel Angst hat. Ich habe das Gefühl, dass sie ein Machtspiel treibt und meine „Männlichkeit" ablehnt. Sie will nicht, dass ich „in meiner Kraft" bin und sie die Kontrolle verlieren könnte. Außerdem fühle ich mich meiner Männlichkeit beraubt und von ihren Ängsten kontrolliert, wenn ich langsamer Liebe machen soll und mich nicht so bewegen kann, wie ich will."

Im Verlauf der Sitzung erzählte sie uns, dass sie grade dabei war, ihre Geschichte des sexuellen Missbrauchs aufzudecken, die ihr bisher nicht bewusst gewesen war.

„Ja", sagte er, „aber ich kann nicht verstehen, wie etwas, das vor so langer Zeit passiert ist, heute einen Einfluss auf dich haben kann. Und warum jetzt? Warum hast du plötzlich soviel Angst? Du warst so wild und hemmungslos."

Wir erklärten: „Was ihr beide erlebt, kommt häufig vor. Oft kommen die körperlichen Erinnerungen und Bilder eines Traumas erst hoch, wenn wir uns mit jemandem auf tiefere Intimität eingelassen haben. Manuela kommt jetzt in Kontakt mit ihrem sexuellen Trauma, weil eure Beziehung sich vertieft, und das beeinflusst, wie sie Liebe machen kann. Davor hat sie sich und ihren Körper im Sex übergangen, was oft so ist, wenn wir missbraucht wurden. Aber da sie empfindsamer geworden ist und in ihrer Therapie tiefere Schichten aufgedeckt hat, kommen Verletzlichkeit und Ängste an die Oberfläche."

Während er zuhörte, wurde er sichtlich weicher und sagte schließlich: „Es tut mir gut, diese Erklärung zu hören. Und ich kann sehen, dass sie jetzt was anderes beim Liebemachen braucht."

Wir fügten hinzu: „Vielleicht hilft es, dir vorzustellen, dass dein Penis zu einem Instrument der Liebe wird, das sie und ihre Vagina mit seiner Sensibilität, Präsenz und Liebe heilt – deine „Mission Impossible", wenn du sie annehmen willst. Und sieh es als ein Lernen und Wachsen für dich."

„Das ist ein großer Schritt für mich, aber ich werde es versuchen. Ich liebe Manuela. Im Moment weiß ich nicht, ob ich es aushalten kann, nicht so Sex zu haben, wie ich es gerne will und nicht in meiner sexuellen Energie sein zu können."

Manuela hatte auch ihre Herausforderung, nämlich weiterhin ihr Trauma in der Therapie und in Seminaren zu heilen und ihren Prozess mit ihm zu kommunizieren. Am Ende der Sitzung waren beide erleichtert, dass sie zumindest wussten, womit sie zu tun hatten.

Wenn wir diesen Ansatz in unserer Arbeit beschreiben, konzentrieren wir uns nicht so sehr auf die spezifischen Details der Technik, sondern einfach darauf, langsamer zu werden, den Fokus auf die Verbindung zu richten, sensibler für das Liebemachen zu werden und den Stress sexueller Leistung und Orientierung auf ein Ziel loszulassen. Wenn wir darüber sprechen, fühlen sich fast alle Frauen sehr davon angezogen. Die meisten sagen, dass es das ist, was sie immer wollten: langsamer werden, mehr in Einklang miteinander sein und auf die Verbindung zu achten, anstatt zu kommen. Auch manche Männer finden das erleichternd.

Aber im Allgemeinen haben Männer mehr Mühe damit, sich auf Sex ohne Hitze, Erregung, Intensität und Leidenschaft und einen Orgasmus einzulassen. Es gibt keinen richtigen oder falschen Weg. Der sanftere ist nicht besser als der heiße Weg. Sie sind einfach verschieden.

> **Wenn wir heißen, erregten Sex haben, ohne zuerst mit unserem Partner wirklich verbunden zu sein, kann es leicht passieren, dass wir innerlich weggehen und nicht mehr präsent in unserem Körper sind. Wenn wir uns die Zeit nehmen, uns erst zu verbinden, dann kann heißer, leidenschaftlicher Sex da sein.**
> **Und wenn er einfach geschieht, statt geplant zu sein, fühlt er sich völlig anders an.**

Die Bedürfnisse für Zusammengehörigkeit ehren

Liebe bringt uns ständig neue Herausforderungen, Hürden und Tests. Eine dieser Hürden ist, dass unsere Sexualität sich an die

Bedürfnisse des Zusammenseins anpassen muss. Wenn wir unsere eigenen Bedürfnisse wichtiger nehmen als die Liebe, werden wir Probleme bekommen.

Bei der Liebe ist das höchste Ziel nicht unsere individuellen Bedürfnisse, sondern die gemeinsamen. Das heißt nicht, dass wir unsere Bedürfnisse verleugnen müssen. Aber wenn sie in Konflikt sind mit dem, was notwendig ist, damit die Liebe weiter fließen kann, müssen wir uns fragen, was uns wichtiger ist.

Wir müssen uns entscheiden, für die Liebe, oder für unsere individuellen Bedürfnisse. Wir können nicht sagen, was für jeden Einzelnen richtig ist, wenn er vor diese Wahl gestellt ist. Im Normalfall gibt es ein tieferes Lernen für alle Beteiligten, wenn wir uns für die Liebe entscheiden, aber wir müssen herausbekommen, ob es das ist, was wir wollen und was richtig für uns ist. Wir müssen tief in unserem Inneren spüren, dass es unsere Wahl und unser Lernen ist, nicht, dass wir es für unseren Partner tun.

In jeder Beziehung braucht es die Absicht, um im Liebesstrom zu bleiben. Nicht jede Beziehung ist dafür gemacht, lange zu dauern. Aber keine wird die Prüfungen überstehen, ohne ein klares Verstehen auf beiden Seiten, dass Liebe Arbeit erfordert. Wenn wir uns für die Liebe entscheiden, wird sie uns führen. Sie ist ein Mysterium mit eigener Dynamik und letztendlich hilft sie uns, nach Hause zu kommen.

Aus Sex wird Liebe

Leidenschaft zulassen, genießen und transzendieren

WENN WIR INTIMITÄT UND SEXUALITÄT ALS EINEN SPIRITUELLEN WEG verstehen, beginnt er damit, unsere Leidenschaft willkommen zu heißen und endet damit, sie zu transzendieren. Sexuelle Leidenschaft ist Lebensenergie und wenn wir sie unterdrücken, kann sie nicht in höhere spirituelle Ebenen aufsteigen.

Unterdrückung führt zu sexuellen Fantasien, Sexspielen oder Perversionen und Obsessionen mit Pornografie. Oder die sexuelle Energie wird in andere Dinge umgeleitet, wie Essen, Drogen, Arbeit, Macht oder Geld.

Unser spiritueller Meister erwähnte einmal, dass die Essenz von sexuellem Verlangen und Leidenschaft die Sehnsucht ist, durch den Körper etwas zu erlangen, was Körper und Sex uns nicht geben können. Die Sehnsucht an sich ist wunderschön, aber das Höchste, was wir durch sexuelles Verlangen und Leidenschaft erfahren können, ist ein flüchtiger Augenblick von dem, was wir suchen.

Irgendwann wollen wir mehr – die Erfahrung eines höheren Bewusstseinszustandes soll länger anhalten. Sex kann uns das geben, wenn wir ihn in eine liebevolle, meditative Erfahrung umwandeln.

Liebemachen, das auf Verbundenheit ausgerichtet ist, anstatt auf Leistung und Orgasmus, ist die Blüte der Liebe.

Ein Freund erzählte uns kürzlich, dass er kaum noch kommt, wenn er mit seiner Freundin schläft, dennoch fühlt er sich den ganzen Tag anders. Er fühlt sich mit sich selbst und ihr verbunden und sein Körper scheint innerlich fröhlich vor sich hin zu summen. Wir beide fanden das eine schöne Art zu beschreiben, wie Sex uns nähren kann – und das ist auch unsere Erfahrung. Jede intime Begegnung stärkt und vertieft den Liebesstrom und die Verbindung.

In diesem Buch haben wir beschrieben, was Paaren helfen kann, ihre Sexualität lebendig und nährend zu halten. Das absolut Wichtigste für ein funktionierendes Sexleben ist, die Liebe zwischen zwei Menschen zu pflegen. Wenn Liebe da ist, können sexuelle Unterschiede, Verletzlichkeiten, Unsicherheiten und Ängste aufgelöst werden. Unsere höchste Verantwortung ist dann, darauf zu achten, die aufkommenden Konflikte zu lösen und jede Anstrengung zu unternehmen, einander zu verstehen und empfindsam füreinander zu sein.

Wir hoffen, dass manche der „Schlüssel", die wir hier gegeben haben, dabei helfen können, die Blume der Liebe zu nähren. Es ist gut, sich bewusst zu sein, dass Sex ein Gebiet ist, in dem unsere Verletzlichkeit – unsere Angst und Scham – leichter an die Oberfläche kommen kann, als in anderen Lebensbereichen. Aber wenn die Liebe den Weg zeigt, können wir bewusst wahrnehmen, was geschieht und mit uns selbst und einander liebevoll umgehen.

Wenn Liebe die Priorität ist, funktionieren Regeln, Ideale und Normen nicht. Liebe geht immer mit dem Fluss. Wenn es heiß ist, großartig! Dann verbindet euch in Leidenschaft. Wenn nicht, großartig! Verbindet euch in größerer Stille. Aber bleibt verbunden. Es ist so einfach, die Flucht zu ergreifen und unseren Partner als Sexualobjekt zu betrachten, wenn Stress und ungelöste Konflikte sich aufgebaut haben. Wir können Orgasmen haben, ohne uns mit den darunter liegenden Themen auseinandersetzen zu müssen. Aber wenn wir wirklich lieben, dann spüren wir auch den Schmerz, wenn wir diesen Weg gehen. Und der Schmerz führt uns zurück nach Hause, wo wir die Verbindung wieder aufnehmen – zurück in den Strom der Liebe.

Wenn wir in Liebe verbunden bleiben und das zur goldenen Norm für unsere Sexualität machen, wird Liebemachen uns den Nektar der Götter bringen. Es ist unvergleichbar nährend und eines der größten Geschenke, die das Leben für uns bereithält.

Dies ist und war unsere Leidenschaft und unsere Motivation, dieses Buch zu schreiben. Wir wissen auch aus eigener Erfahrung, dass es Verbindlichkeit, Ausdauer und die ständige Bereitschaft braucht, „das Haus sauber zu halten" – in anderen Worten, alles zu bereinigen, was den Liebesstrom stört.

Manchmal ist es nicht so einfach zu verstehen, was die Störung verursacht oder wie wir effektiv damit umgehen sollen, aber wenn Liebe da ist, gibt es immer einen Weg.

Bibliografie

Anderson, Susan: The Journey from Abandonment to Healing – Surviving Through and Recovering From, the Five Stages that Accompany the Loss of Love, Berkeley Books, 2000

Anderson, Susan: Verliebt, verlassen – wie verwandelt. Trennung durchleben und positiv verarbeiten, Goldmann, 2001

Carlton, Randolph S. (Editor): Treating Sexual Disorders, Jossey-Bass 1996

Carnes, Patrick: Don't Call It Love — Recovery from Sexual Addiction, A Bantam Books 1992

Carnes, Patrick: Wenn Sex zur Sucht wird, Kösel 1992

Carnes, Patrick: Out of the Shadows – Understanding Sexual Addiction, Hazeldon 2001

Deida, David: It's A Guy's Thing, Health Communications, Inc. 1997

Deida, David: Der Weg des wahren Mannes, Kamphausen 2006

Henderson, Julie: The Lover Within — Opening to Energy in Sexual Practice, Station Hill Press 1987

Henderson, Julie: Die Erweckung des Inneren Geliebten: Ein praktisches Arbeitsbuch der Energielenkung allein und zu zweit, AJZ 2006

Hendrix, Harville, Ph.D.: Keeping the Love You Find — A Personal Guide, Pocket Books 1992

Hendrix, Harville: So viel Liebe wie Du brauchst. Der Wegbegleiter für eine erfüllte Beziehung, RG Verlag 2007

Kingma, Daphne Rose: Coming Apart — Why Relationships End and How to Live Through the Ending of Yours, Fawcett Crest 1987

Lerner, Rokelle: Living in the Comfort Zone — The Gift of Boundaries in Relationships, Health Communications, Inc. 1995

Levine, Stephen and Ondrea: Embracing the Beloved – Relationship as a Path of Awakening, Anchor Books 1995

Levine, Stephen and Ondrea: In Liebe umarmen: Der spirituelle Wegweiser für Liebende, Kamphausen 1995

Mellody, Pia: Facing Love Addiction — Giving Yourself the Power to Change the Way You Love, Health Communications, Inc. 1992

Mellody, Pia: Verstrickt in die Probleme anderer, Über Entstehung und Auswirkung von Co-Abhängigkeit, Kösel 1991

Osho: Intimacy — Trusting Oneself and the Other, St. Martin's 2001

Osho: Intimität: Vertraue dir selbst und den anderen, Ullstein 2004

Osho: Beziehungsdrama oder Liebesabenteuer, Innenwelt 2003

Long, Barry: Making Love, Sexual Love The Divine Way, Barry Long Books 1984

Long, Barry: Sexuelle Liebe auf göttliche Weise, MB Verlag 2004

Morin, Jack, Ph. D.: The Erotic Mind – Unlocking the Inner Sources of Sexual Passion and Fulfillment, Harper Perennial 1995

Morin, Jack: Erotische Intelligenz, Goldmann 1999

Peabody, Susan: Addiction to Love — Overcoming Obsession and Dependency in Relationships, Celestial Arts 1994

Plaut, S. Michael, Graziottin, Alessandra, and Heaton, Jeremy, P.W.: Sexual Dysfunction, Health Press, Oxford 2004

Richardson, Diana: The Heart of Tantric Sex, A Unique Guide to Love and Sexual Fulfillment, O Books, UK 2003

Richardson, Diana: Zeit für Liebe, Innenwelt Verlag 2003

Robinson, Marnia: Peace Between the Sheets — Healing with Sexual Relationships, Frog Ltd. 2002

Stone, Hal, Ph. D. and Sidra Ph. D.: Partnering — A New Kind of Relationship, New World Library 2000

Dr. Stone, Hal und Dr. Stone, Sidra, Liebe bleibt solange sie tanzt: Partnering – Die andere Art, Beziehung zu leben, Constans 2005

Wincze, John P. and Carey, Michael P.: Sexual Dysfunction – A Guide For Assessment and Treatment, The Guilford Press 2001

Über die Autoren

Dr. **Krishnananda Trobe** stammt aus den USA. Er ist Psychiater und hat seine Ausbildung in Harvard und an der Universität von Kalifornien gemacht. Seit den 80-er Jahren leitet er Gruppen und Trainings zum Thema Co-Abhängigkeit.

Amana Trobe kommt aus Dänemark, ist Psychotherapeutin und in Cranio-Sacraler Körperarbeit ausgebildet.

Das Paar leitet seit 1995 zusammen Learning-Love-Seminare. Sie leben, wenn sie nicht irgendwo auf der Welt für ihre Arbeit unterwegs sind, in Sedona, Arizona.

Das erste gemeinsame Buch der beiden:

**Vertrauen ist gut,
Selbstvertrauen ist besser**
Wege aus der Enttäuschungsfalle
ISBN 978-3-936360-10-3

„Dieses Buch kann ich jedem empfehlen, der die Hintergründe seines erwachsenen Verhaltens besser verstehen will."

Eva-Maria Zurhorst

Mehr Informationen über die Arbeit der Autoren:
www.learningloveinstitute.com

Krishnananda & Amana Trobe

Liebe lernen, Band 1
**VERLETZLICHKEIT ZULASSEN -
VERLASSENHEITSÄNGSTE HEILEN**
ISBN 978-3-942502-10-8

Liebe lernen, Band 2
SCHAM UND SCHOCK HEILEN
ISBN 978-3-942502-11-5

Liebe lernen, Band 3
**LEIDENSCHAFTLICH LEBEN –
MIT DER KRAFT DER INNEREN STILLE**
ISBN 978-3-942502-12-2

Aus unserem Programm

Diana Richardson
ZEIT FÜR LIEBE
Sex, Intimität und Ekstase in Beziehungen
ISBN 978-3-942502-22-1
Egal ob One-Night-Stand oder langjährige
Beziehung: Beide leiden an einem Mangel
an Intimität im sexuellen Beisammensein.
In einfachen, nachvollziehbaren Schritten
zeigt uns die Autorin, wie man eine
erfüllte Sexualität leben und dabei die Sen-
sibilität steigern kann.

„Die Leute sind wirklich viel zu erregt, um wirklich guten Sex zu haben."

Wilfried Nelles
DAS LEBEN HAT KEINEN RÜCKWÄRTSGANG
Die Evolution des Bewusstseins, spirituelles
Wachstum und das Familienstellen
ISBN 978-3-936360-51-6

. Wohin trägt uns das Leben?
. Wie kommen wir in Kontakt und in
  Einklang mit dem, was wir sind?
. Wie prägt das Bewusstsein unserer Zeit
  unsere Sicht der Welt?
. Was bindet, formt und wandelt unser per-
  sönliches Bewusstsein?
. Wie beeinflussen sich kollektive und persönliche Wachstumsprozesse?

www.innenwelt-verlag.de